가르침의 재발견

가 르 침 의 　 재 발 견

THE REDISCOVERY OF TEACHING

거트 비에스타 Gert J. J. Biesta 지음
곽덕주·박은주 옮김

다봄교육

"학생 주체는

세상의 중심을 차지하지 않고도 세상을 살아갈 수 있다."

— 필립 메이리우(2007, p. 96)

감사의 말

이 책은 내가 이전에 3부작으로 묘사한 『학습을 넘어서*Beyond Learning*』(2006), 『측정의 시대, 좋은 교육이란 무엇인가*Good Education in an Age of Measurement*』(2010), 그리고 『교육의 아름다운 위험 *The Beautiful Risk of Education*』(2014)을 잇는 네 번째 저술이다. 3부작이라고 하면 완성을 암시할 위험이 있는 것처럼, 네 번째 저술을 덧붙이는 것도 모종의 위험과 약간의 아이러니가 있다. 핵심 질문은 내가 지금까지 말한 것에 덧붙일 새로운 것이 있느냐 하는 것이다. 물론 이 판단은 전적으로 독자의 몫이다. 저자로서 나의 관점에서 보자면, 학습의 언어에 대한 비판(『학습을 넘어서』), 전 지구적으로 일어나는 양적 측정 산업이 교육에 끼친 영향에 대한 비판(『측정의 시대, 좋은 교육이란 무엇인가』) 그리고 교육을 위험 무해 지역으로 만들고자 하는 우리의 욕망에 대한 비판(『교육의 아름다운 위험』)에 이어 가르침과 교사의 중요성에 대한 아주 탄탄하고 명시적인 설명을 추가할 필요가 있다고 느꼈다.

이 필요에 대한 중요한 **교육적** 이유와 **이론적** 이유가 있다. 교육적 이유는 이 책 전체에서 광범위하게 다룰 것이고, 이론적 이유는 이어질 장에서 개관할 것이다. 그런데 이 모든 것을 둘러싼 **정치적** 이유도 있다. 그것은 교사와 교사의 가르침에 관해 관심을 상실해버린 당대 널리 퍼져 있는 교육 정책들을 볼 때 특히 그러하다. 교사와 교사의 가르침에 대한 관심 상실은 교사가 교육과정에서 가장 영향력 있는 요소라는 주장을 반복하는 쏟아지는 정책 문서에 비추어 볼 때 놀랍기조차 하다. 그러나 이들 문서에서는 교사를 하나의 요소로 축소시킨다. 이것은 가르침과 교사의 중요성을 보여주는 것이 전혀 아니다. 요즈음 많은 교사들이 증언하는 것처럼, 오히려 모욕에 가까운 것이다. 왜냐하면 자신이 그러한 '요소'로서 일을 얼마나 잘 수행하는가에 따라 월급, 이력, 그리고 생계가 결정되는 사고 방식에 교사 스스로가 꼼짝없이 종속되곤 하기 때문이다 (출판 준비 중인 Carusi 참조).

한동안 나는 이 책에 「보수적 아이디어를 위한 진보적 논변」이라는 부제를 달까 하고 깊이 고민했다. 가르침과 교사를 옹호하는 것이 교사를 하나의 요소로 축소시키는 지금 상황과 교육의 '학습화'(Biesta 2010a) 경향에 대응하기 위해 필요하다고 판단했기 때문이다. 학습화 경향이란 교사를 교육적 상황에서 무엇인가를 가져올 수 있는 사람, 학생에게 무엇인가 줄 것이 있는 사람이 아니라, 학습의 단순한 촉진자로 보는 것을 말한다(Biesta 2012a). 학습으로의 전환이 곧 통제로서의 가르침에서 벗어나는 길이라고 생각하는 이들에게는 가르침과 교사를 옹호하는 어떤 논변도 아마 보수적 조치로 간주될 수 있다. 이어지는 장에서 나는 가르침의 강조가 필연적으로 보수적인 것은 아니라는 것, 그리고 가르침이 아이나 학생의 자유를 필연적으로 제한하는 것이 아니라는 주장을 제시하려고 한다. '학습의 자유'(Rogers 1969)가 자동적으로 혹은 필연적으로 자유롭고 진보적이지는 않은 것처럼 말이다.

지난 수년간 나는 내 작업에 대한 독자들의 호응에 큰 힘을 얻었다. 특히 내가 제기하는 질문과 내가 사용한 언어가, 교사들의 교육적 노력의 중요성을 보다 정확한 방식으로 명료화하는 데 도움을 준다는 평에 큰 힘을 얻었다. 나의 작업은 많은 부분 이론적 성격을 띤다. 그러나 이것이 교육적 실천에 의미가 없는 것은 아니다. 교육에서 언어가 정말 중요할 뿐만 아니라, 교사의 업무를 단순화하고 통제하려는 시도에 대응하는 가장 좋은 방법은 교육 실천과 그 실천 자체를 보다 사려 깊게 만드는 것이기 때문이다. 이론은 우리에게 지속적으로 교육에 대해 다르게 생각하는 노력을 요청한다. 그리고 그러한 이론적 사고가 교육의 일상적 실천에 변화를 가져오는 방법을 볼 수 있게 한다. 이 책에서 제공되는 아디이어는 우리가 **찬성하거나 반대해야 할** 아이디어만을 의미하는 것은 아니다. 오히려 그것은 **동반자로서** 우리가 함께 생각해 보아야 할 아이디어이다.

여기서 소개되는 아이디어는 많은 상호작용, 대화, 토론, 통찰의 순간을 통해 내가 받은 가르침의 내용과 행위들의 산물이다. 1장은 노르웨이 베르겐의 NLA 대학교 동료들과 여러 해에 걸친 공동 작업에서 나왔다. 그들의 헌신과 'pedagogikk로서의 교육학'에 대한 집중, 그리고 교육과 삶의 실존적 차원에 대한 관심은 교육에서 진정으로 중요한 것이 무엇인지를 탐구하는 좋은 환경을 제공했다. 나는 특히 브룬스타트 Paul Otto Brunstad, 라인달 Solveig Reindal, 그리고 세베로트 Herner Saeverot 에게 감사한다. 이들은 이 책 1장에 제시된 아이디어의 초안을 자신들의 논문모음집에 실어주었다. 그리고 나의 아이디어를 노르웨이어로 번역해 준 새비Tone Saevi에게도 감사한다. 이 책 2장의 초기 버전은 학술지 *Studies in Philosophy of Education*의 편집장 임기를 마칠 즈음에 쓰여진 것이다. 비록 일이 많았지만 국제적인 교육철학 공동체를 위한 이 역할에 나는 전적으로 만족했다. 이 학술지는 지금 탁월한 능력을 지닌 테이어-베이컨Barbara Thayer-Bacon의 손으로 넘어갔다. 2장에서 논의되는 내 수업에 참여한 학생들에게도 감사의 인사를 전하고 싶다. 그들이 나에게 준 것, 그리고 우리에게 주어졌던 모든 것에 감사하고 싶다.

3장의 초기 작업은 자오Guoping Zhao의 초청 결과물이다. 초청과 더불어 나의 작업에 대해 계속해서 통찰력 있는 질문을 던진 그녀에게 감사를 보낸다. 나는 또한 이 장의 주제 형성을 도운 올리베이라Vanessa de Oliveira와 폴스Wouter Pols에게도 감사한다. 길헤르메Alex Guilherme는 4장에서 다루는 해방교육에서의 교사 역할에 대한 내 생각의 발전을 도왔다. 또한 『가르침에 대한 AERA 연구 안내서』 작성을 함께한 스텐젤Barbara Stengel과의 작업에서도 큰 도움을 받았다. 5장의 내용은 새프스트롬Carl-Anders Säfström과의 오랜 협업, 특히 『교육을 위한 선언문』

을 위해 우리가 한 작업에서 시작되었다. 수년에 걸쳐 지속되어 온 그와의 생성적인 대화에 깊이 감사한다. 모두 심각한 사안들에 대한 대화였지만 우리는 항상 아주 재미있게 일했다. 나는 새베로트Herner Saeverot와 포르게센Glenn-Egil Torgersen에게도 감사한다. 그들은 교육에서 예견할 수 없는 것이라는 주제를 나에게 소개했다. 코르차크Janusz Korczack에 대한 베르딩Joop Berding의 작업도 아주 중요한 영감의 원천으로 남아 있다.

나는 학술적인 작업을 일work로 본다. 다만 이 일이 매우 특권적 일work이라고 하더라도 삶의 모든 것은 아니다. 항상 이 사실을 나에게 상기시키고 교육에 대해 많은 것을 가르쳐준 아내에게도 감사한다. 내 삶과 경력에서 어려운 시기에 일자리를 준 런던의 브루넬 대학교와 그 자리에서 편안하게 일할 수 있도록 해 준 교육학과 동료들에게도 감사하고 싶다. 초두에 언급된 3부작 저술은 본래 미국의 Paradigm Publishers에서 출간하였는데, 여러 해에 걸쳐 격려와 지원을 아끼지 않은 버켄캠프Birkenkamp 학장과 이 책의 기획에 대한 자신감과 인내심을 보여준 Routledge의 버나드Catherine Bernard에게도 감사한다.

알리고 싶은 두 가지 '취급 주의 경고' 사항이 있다. 먼저, 이 책은 완벽한 저술이 아니라는 점이다. 완벽하고자 하는 것은 위험한 야망이기 때문이기도 하지만, 가르침의 진보적 의미를 추구하는 나로시는 여전히 지속되는 탐구의 방식을 취하고 싶기 때문이다. 그럼에도 불구하고 내가 탐색하는 곳과 방식이 이 논의의 발전에 유용하게 기여할 수 있기를 희망한다. 둘째, 이 책이 고도로 이론적이고 철학적이라는 것을 나는 잘 알고 있다. 독자들은 비록 그 의미가 당장 드러나지 않는 문단을 만나더라도 그곳에 잠시 머물러 보기를 소망한다. 왜냐하면 그러한 문단 하나하나가 이 책에서 내가 탐구하는 것의 중요한 층위이기 때문이다.

　지금까지의 3부작에 이은 이 책 다음에 다섯 번째 제목을 추가할 것이라 생각되지는 않지만, 미래가 우리를 어디로 이끌지는 결코 알 수 없다. 다만 지금의 4부작만으로도 나쁘지 않은 성과라고 생각한다.

2016년 12월
에딘버러에서

차례

가르침, 재발견과 회복의 필요성

"나야말로 우리의 '급진적인 진보주의 전통을 보존하기 위해' 일평생 고군분투해온 보수주의자라고 고백할 때, 이 말에 놀라는 학생들을 보는 것이 즐겁다."(George Counts 1971, p. 164)

이 책에서 내 주장의 핵심은 가르침이 중요하다는 것이다. 이 주장은 그 자체로는 그렇게 논쟁적이지 않다. 사실 어떤 영역에서는 교육과정에서 가장 중요한 '요인'은 교사라고 주장하기도 한다. 물론 교사를 단순한 요인으로 언급하는 것은 주의해야겠지만, 실제로 이 주장은 꽤 인기를 얻었다(예를 들어 OECD 2005; McKinsey & Co. 2007; Donaldson 2010; 교육청 2010). 그러나 핵심은 가르침이 **중요한가 아닌가**가 아니다. 가르침이 **어떻게** 중요하고, **무엇을 위해** 중요한가 하는 것이다. 이 질문과 관련한 논의는 이미 상당히 복잡해졌다. 최근 몇 년간 교사와 가르침의 역할 및 지위를 둘러싸고, 상이하지만 어떤 면에서 상보적인 두 가지 방향의 노선에 의해 도전을 받았기 때문이다.

첫번째 도전은 학습의 언어와 '논리'의 부상이 교육에 미치는 영향에 관한 것으로, 교사와 가르침 중심에서 학생과 학습 중심으로 관심이 옮겨졌다는 것이다(Biesta 2006, 2010a 참조). 학습의 언어와 논리의 부상으로 인해, 교사는 '교단 위의 성자'에서 '옆에 있는 안내자', 혹은 흔히 하는 말로 학습의 촉진자로 바뀌었으며, 심지어 어떤 이들은 '뒤에 있는 동료'라고도 부른다. 동료 학습자로서의 교사나 학습공동체로서의 교실이라는 생각은 매력적이고 진보적으로 들릴 수 있다. 하지만 교육에 관한 이러한 학습 중심의 묘사는 가르침이 무엇인지, 교사가 하는 일이 무엇인지, 학생들이 교사와 가르침을 통해 무엇을 얻을 수 있는지에 관해 도움이 별로 되지 못하고, 궁극적으로는 오도된 설명을 제공하기 쉽다. 따라서 이 책에서 제시된 사상은 학습의 세기에 가르침을 **회복**recovery하려는 시도이자, 교사 및 가르침의 의미와 중요성을 **재발견**rediscovery하려는 시도라고 할 수 있다.

하지만 교사 및 가르침의 중요성을 주장하는 일에 어려움이 전혀 없는 것은 아니다. 두번째 도전은, 최근 몇 년간 가르침의 중요성을 가장 큰 목소리로 주장한 쪽이 매우 보수적인 진영이었다는 데서 비롯되는 어려움이다. 이 진영에서는 가르침을 기본적으로 **통제**의 관점에서 접근하면서 교사의 일 자체를 통제하는 것이 주요 쟁점으로 대두되었다(Priestly, Biesta & Robinson 2015; Kneyber & Evers 2015). 이 주장의 한 가지 버전은, 가장 훌륭하고 효과적인 교사란 좋은 시민이나 유연한 평생 학습자처럼 정의된 몇몇 '학습 결과'나, 특정한 제한적 정체성을 안전하게 생산해내는 교육과정을 주도할 수 있는 사람이라는 생각을 담고 있다. 이러한 교육적 야심과 관련하여 '효과가 있는' 사례의 증거를 명시적으로 산출하는 데 강조점을 두는 연구들이 지속적으로 이루어지고 있다(Smeyers & Depaepe 2006; Biesta 2007). 뿐만 아니라 원하는 결과를 산출하는 데 어떤 시스템의 수행력이 최고인지를 열심히 표시해주는 '글로벌 교육측정 산업'(Biesta 2015)도 있다. 통제로서의 교육, 그리고 통제 주체로서의 교사를 향한 이러한 사회적 요청으로 인하여 현 사회에 두드러지게 나타나는 일반적인 권위 상실에 대한 우려와 더불어, 교육은 교사의 권위 자체를 포함하여 그러한 권위 회복의 핵심 도구라는 주장이 퍼져 나가고 있다(예를 들어, Meirieu 2007

참조). 이와 같은 논의에서 종종 (편리하게) 망각되곤 하는 사실들이 있다. 권위는 근본적으로 **관계의** 문제(Bingham 2008 참조)라는 사실, 그리고 권위는 한 사람이 다른 사람에게 단순히 강요할 수 있는 것이 아니라는 사실이다.

통제로서의 가르침의 개념, 통제 행위로서의 가르침에 대한 묘사, 가르침은 통제의 문제라는 주장에 들어있는 주된 문제는 이 진술들에서 학생은 자신의 권리를 지닌 **주체**가 아니라 단지 교사의 의도와 행위의 **대상**으로만 등장한다는 사실이다. 이 사실은 권위주의적인 교육 형태에 대한 모든 비판들의 주된 뼈대가 되어왔고, 1960년대 후반 독일에서 등장했던 반(反)교육 운동의 사례에서 보듯 교육이라는 일체의 '기획' 자체를 폐기해야 한다는 요구에까지 이르렀다(Braunmühl 1975 참조). 이 비판에서 눈에 띄는 흥미로운 점은 교사가 반복적으로 타깃이 되어왔다는 것이다. 여기서 가르침은 궁극적으로 학생의 자유를 **제한**하고, 그 결과 학생이 자신만의 권리를 지닌 주체로 존재할 가능성을 방해할 뿐이라고 가정된다.[1] 이것은 '교단 위의 성자에서 옆에 있는 안내자로'의 표현에서처럼 문자 그대로

---

[1] 이것이 프레이리(Freire)를 포함한 해방적 교육개념에서 어떤 역할을 했는지 4장에서 논의한다.

교사를 교단에서 끌어내려 측면에 세우려는 시도인 것이다. 그리고 현대 교육사상과 교육실천의 주된 경향으로 거론되는 학생과 학습, 의미형성, 능동적 지식 구성을 다시 강조하려는 시도들이 일반적으로 해방적이고 진보적인 운동으로 보이는 주된 이유이기도 하다.

이와 같은 맥락에서 교사 및 가르침의 중요성을 주장하려는 나의 시도는 이 담론에 진보적인 공헌을 하기보다는 보수적이고 퇴보적인 방향으로 나아가는 것처럼 보이기 쉽다. 그러나 이를 위해서는 다음의 사항이 충족되어야 한다는 것을 지적할 필요가 있다. 아렌트가 **주권으로서의 자유**freedom as sovereignty 로 적절하게 특징지었던 관점에서 주체로 존재한다는 것의 의미를 생각해보자. 그것에 따르면, 자유롭다는 것, 자유로운 주체로 존재한다는 것은 자기 바깥의 어떤 것에 의해서도, 어느 누구에 의해서도 영향받지 **않는** 것(Arendt 1977[1961]; pp. 163-165)을 의미한다. 문제는 이것이 주체로서 존재한다는 것의 의미로 실행 가능한 개념인가 하는 것이다.[2] 이어질 내용에서 나는 이 자유 개념을 **반박**하며, 주체로 존재한다는 것은 실제로

2 이어지는 장에서 상세히 설명하겠지만, 나는 인간의 주체됨의 질문에 대해 실존적 방식으로 접근한다. 다시 말해, 이는 존재의 방식 혹은 존재의 양식에 관한 질문이며, 따라서 ("주체가 되다"가 아니라) "주체로 **존재한다**"로 공식화할 수 있다.

타인과 타자와의 지속적인 '대화의 상태'[3]에 있는 것을 의미한다고 주장할 것이다. 즉, 주체됨subject-ness은 의도나 욕구와 같은 우리 안에 있는 것에 의해 형성되는 것이 아니라, 오히려 우리에게 말을 걸고 언명하고 호출하고 불러내는 타인과 타자, 그리고 그 타인과 타자에 우리가 개입하고 응답하는 방식에 밀접하게 연관되어 있다고 주장할 것이다.

이러한 논의의 흐름에서 주체로서 우리의 존재를 생각해 본다면, 가르침은 새로운 의미를 얻는다. 무엇보다도 우리 바깥에서부터 오는 것이며 우리를 초월해 있는 것(Biesta 2013a)이라고도 말할 수 있는 '가르침의 언명'은, 더이상 우리가 주체로 존재할 수 있는 가능성을 자동적으로 제한하거나 심지어 방해하는 것이 아니라, 오히려 우리가 **주체로** 존재할 가능성을 열어주는 바로 그 '사건'일 수도 있기 때문이다. 이것은 다음 장에서 논의할 또 다른 주요 논지로서, 가르침의 의미를 주체됨을 위한 것으로, 즉 **주체로서** 존재함을 위한 것으로 탐색할 것이다. 여기서 가르침에 대한 관심은 학생들의 실존적 가능성,

---

3 대화(dialogue)는 '상태'라기보다는 역동적이고 진화하는 무엇으로 보이기 때문에, 이 지점에서 '대화의 상태'라는 표현은 다소 이상하게 들릴 수도 있다. 그러나 이 표현을 쓰는 이유는 대화를 사람들 간에 말을 주고받는 담소(conversation)로서가 아니라 실존적 '형식'으로서 강조하기 위해서이다. 나중에 이 문제로 다시 돌아갈 것이다.

즉 세계 속에 세계와 더불어 주체로 존재한다는 것이 무엇을 의미하는지 탐색할 가능성을 열어주는 데 있다고 주장할 것이다. 이 주장에 따르면 가르침은 통제와는 정반대되는 것이다. 즉, 학생들을 단지 대상으로 접근하는 시도와 **정반대**되는 것으로 나타나기 시작하며, 심지어 그들이 할 수 있다는 증거가 없을 때조차도 그들을 주체로서 접근하는 형식을 취한다.

이 책에서 탐색하는 아이디어는 다음 세 가지 이유로 중요하다. 첫째, 교육영역에서 가르침은 일반적으로 극단적인 보수 진영에서 강조한다. 한편, 가르침을 반대하는 진영은 대부분, 학생의 학습이나 의미형성, 지식구성, 창의성과 표현 등을 강조하며, 이것이 학생을 진보적으로 자유롭게 하며 그들의 주체됨을 지지하고 향상시키는 것으로 간주한다. 이러한 대비적 예시는 교육과정 중심에서 아동이나 학생 중심으로, 혹은 이 둘 사이를 지속적으로 **오가는** 교육의 '행보' 속에 반영되어 있다. 한눈에 보기에도 여기에 빠져 있는 것은, 진보 진영 스펙트럼의 극단에 위치한 가르침이 교육의 해방적 희망과 다시 연결될 수 있는 **제3의 선택지**에 대한 고민이다. 이 책에서는 바로 그 제3의 선택지를 제안할 것이다. 이것은 오늘날 일반적으로 보수적인 관념으로 간주되는 가르침에 관한 일련의 진보적 논변이라 할 수 있다. 내 소망은 가르침의 진보적 의미를 재발견하는 것뿐만 아니라, 학생의 학습과 의미형성, 구성, 창의성, 표현에 대한 강조처럼 종종 통제로서의 교육에 반대급부로 제안되어 온 (진보적으로 보이는) 관념들이 그 자체로는 학생들이 주체로 존재할 가능성을 향상시키는 일과 거의 관련이 없다는 것을 보이는 것이다.

주체로 존재한다는 것은 존재가 타인, 타자와 함께 '대화의 상태'에 있다는 것을 의미한다. 다시 말하면 타인과 타자에 노출되는 것, 이것에 의해 말이 건네지는 것, 이것에 의해 가르침을 받는 것, 그리고 그것이 우리 자신의 존재와 그 존재에 관한 우리의 바람이나 욕구에 의미하는 바를 숙고하는 것이다. 따라서 주체로 존재한다는 것은 우리의 바람desire이 바람직한지desirable 아닌지를 묻는 질문에 참여하는 것이다. 이것은 비단 자신의 삶뿐만 아니라, 욕구를 충족할 자원이 제한되어 있는 지구상에서 거기에 투사된 모든 바람을 충족시키기 위해 타인과 함께 살기 위해서도 필요하다. 주체로 존재한다는 것의 의미를 이렇게 이해하면, 이것은 우리 시대의 주된 신조인 인간 주체의 자유로서 선택의 자유라는 지배적인 이해와 모종의 긴장 관계에 놓이게 된다. **선택**의 자유란 선택하고 싶은 것을 선택하고, 하고 싶은 것을 하고, 갖고 싶은 것을 갖고, 되고 싶은 것이 되고, 사고 싶은 것을 사는 자유를 말한다. 이렇게 이 책에서 추구하는 인간 주체됨에 관한 접근은 로버츠Paul Roberts가 '충동 사회impulse society'로 매우 정확하게 특징지었던 현대 사회의 주된 흐름에 광범위한 질문들을 제기한다(Roberts 2014).

이 책에서 제시된 개념들이 중요한 세 번째 이유는 인간 존재와 인간들에 관한 보다 철학적인 논의들과 관련된다. 이 책의 내용은 그 성격상 철학적이기보다는 교육적이지만, 그럼에도 불구하고 이어지는 논의마다 주된 철학적 함의를 생각해보는 것은 흥미롭다. 인간의 주체됨이 어떤 것을 학습하고 의미를 형성하며 의미를 부여하는 것과 같은 역량capacity에 위치하는 것이 아니라, 언명되고 말걸어지고 가르쳐질 수 있는 '능력 ability'[4]에서 발견된다는 것을 제안할 것이다. 이는 간단히 말해서 인간은 학습할 수 있는 동물이 아니라, 인간은 가르쳐질 수 있고 가르침을 받을 수 있는 존재라는 것이다.

---

4 '능력(ability)'에 인용부호를 붙인 것은 언명되고 말걸어지고 가르쳐지는 것은 우리로부터 생성될 수 없고 우리 바깥에서 오는 현상이기 때문이다. 이것은 우리가 이 '능력'을 거의 통제할 수 없다는 것을 의미한다.

이 책의 구성은 다음과 같다. 1장 〈**교육의 과업은 무엇인가**〉에서는 교육이 무엇을 위한 것인가를 다룬다. 보다 상세하게 말하자면, 교육자로서 교사가 할 일은 무엇인가라는 질문을 다룬다. 내가 제안하는 답변은 교육자의 임무는 다른 인간의 '성숙한 존재the grown-up existence'를 가능하게 하는 것, 혹은 더 정확한 문장으로는, 다른 인간 안에 세계 속에 성숙한 방식으로 존재하고 싶은 바람과 욕구를 불러일으키는 것이다. 나는 교육의 초점을 존재의 질문에 두는 것의 의미, 세계 속에 존재하는 것의 의미, 그리고 성숙함의 방식으로 존재하는 것의 의미가 무엇인지를 각각 논의할 것이다. 성숙함은 발달이나 교육적 기획의 결과물이 아니라, 세계 속에서 세계와 더불어 존재하는 방식으로 제시될 것이다. 그것은 우리가 바라는 것이 마땅히 바랄만 한 것인지의 질문이 '우리와 늘 함께 있을 뿐만 아니라 우리가 직면하는 매 상황에서 살아있는 질문으로 작동하는 존재 방식을 의미한다. 우리의 논의가 이 질문에 초점을 둘 때, 교사로부터 요구되는 것이 무엇이고 교육에서 권위의 역할을 이해하는 것의 함의가 무엇인지를 탐색하게 될 것이다.

가르침의 재발견이 적어도 부분적으로는 학습의 언어와 논리가 교육에 미친 영향에 대한 하나의 대응이라면, 이제 핵심 질문은 가르침과 학습의 관계를 이해하는 것이 될 것이다. 2장 〈**학습에서 가르침 해방하기**〉에서 나의 제안은 다음과 같다. 학습은 인간 존재로서 갖는 많은 실존적 가능성 중 오직 한 가지 가능성일 뿐이다. 가르침이 학생의 성숙한 주체됨을 목표로 한다면 학생이 세계 속에 세계와 더불어 존재할 수 있도록 해주는 다른 가능성들, 학습의 관점과는 다른 가능성들을 열어주도록 실제적인 노력을 기울여야 한다. 가르침과 학습의 관계를 다루는 문헌을 탐구하는 것 외에도 내가 가르쳤던 강의를 사례로 다루면서 학생들의 학습을 중단시킨 경험, 즉 의미형성과 이해를 자제하도록 요청했던 경험을 공유한다. 그 수업은 학습 없이도 교육이 의미 있게 진행될 수 있다는 것을 보여줄 뿐만 아니라, 우리가 학습을 괄호로 묶을 때, 즉 이해의 욕구를 괄호로 묶을 때, 세계는 우리에게'말 걸기 시작하고 설명하기 시작하며 가르치기 시작한다는 것을 보여준다.

3장 〈**가르침의 재발견**〉에서는 2장의 주요 흐름의 연속선상에서 해석과 의미형성이 과연 우리가 세계 속에 세계와 더불어 존재하는 방식의 핵심인지를 묻는다. 이 장은 레비나스 Emmanuel Levinas 의 작업에서 얻은 통찰을 면밀하게 독해한 것에 근거하고 있으며, 특히 의미형성, 혹은 그의 용어로 의미화

signification라는 주제와 관련이 있다. 레비나스는 인간은 기본적으로, 내가 붙인 표현으로 '의미형성의 동물'이라는 생각에 반대하면서 (이 개념은 지능적 적응시스템 패러다임의 사례로 로봇 진공청소기에 관한 논의를 통해 더 상세하게 탐색할 것이다), 의미형성은 실제 타자와 마주치기 **전**에는 일어나지 않고, 오직 타자와 마주친 **결과로** 일어나며, 더 정확하게는 다른 (인간) 존재가 언명한 것을 '경험'한 결과로 일어난다는 견해를 개진한다. 이 장에서는 레비나스의 주장이 상세히 논의된다. 특히 레비나스가 주체됨과 자유의 주제들을 연결 짓는 것에 주목하여, 그의 사상에서 인간의 자유를 '의미화의 자유'로 이해하려는 사고에 반대하는 주장이 어떻게 제시되고 있는지를 설명할 것이다. 레비나스는 좀더 '어려운 자유'에 대하여 암시하는데, 이는 **오직 나만이 할 수 있는 자유**로 기술되고 있다.

3장은 세계 속에 세계와 더불어 주체로서 성숙하게 존재함이 왜 주권의 문제나 의미화의 자유에 관한 문제가 아닌지의 논변으로 시작한다. 이때 독자는 비로소 학생의 자유를 지향하는 교육, 해방을 지향하는 교육이 학생에게 가해지는 모든 영향을 차단하려는 교육으로 이해되어서는 안 된다는 것을 보게 될 것이다. 해방교육에서 교사가 하는 역할에 관한 한 가지 방안을 제시하는데, 이것이 4장 〈'무지한 스승'에 속지 않기〉의 주제이다. 이 장에서는 신마르크스 비판교육학, 프레이리Paulo Freire의 저작, 랑시에르의 『무지한 스승The Ignorant Schoolmaster』에서 개진되는 세 가지 상이한 해방교육의 개념이 비교된다. 프레이리와 랑시에르가 비판교육학에 잠재적으로 깔려 있는 권위주의적 차원에 각각 어떻게 응답하는지를 볼 수 있다. 프레이리는 이 문제를 교사와의 관계 속에 위치짓는 반면, 랑시에르는 지식의 역할 속에 위치짓는다. 이를 통해 프레이리의 교육철학에서와는 달리 랑시에르의 교육철학에서 교사와 가르침이 해방교육을 위해 여전히 중요한 이유를 찾게 될 것이다.

5장 〈불가능한 것을 요청하기: 불화로서의 가르침〉에서는 교사의 일, 정확하게는 교사의 가르치는 행위를 이해하는 데 이상의 논의가 의미하는 바를 탐색한다. 나는 학생의 주체됨을 지향하는 가르침을, 그들이 주체가 될 수 있게 지식, 기술, 성향을 획득하도록 돕는 '구축building-up'의 문제로 보거나, 혹은 '권한강화empowerment'의 문제로 보는 관점에 반대한다. 나는 랑시에르의 제안을 따라 가르침이 불화dissensus로 작동하는 다른 경로를 탐색한다. 불화는 합의의 부재가 아니라 기존 사태에 '통약 불가능한 요소'를 소개하는 것과 관련된다. 단적으로 말해 학생을 **주체**로 접근하는 것이며, 학생이 할 수 있는 바에 대하여 모든 증거가 그 반대의 방향을 가리킬 때조차 그렇게 하는 것이다. 소극적으로 말하자면, 불화로서의 가르침은 학생의 역량 부족에 관한 어떤 주장도 수용하지 않기로 하는 것으로 성립되며, 특히 학생이 스스로 그러한 주장을 할 때 더욱 그러하다. 적극적으로 말하자면, 불화로서의 가르침은 학생의 미래 존재 방식에 호소하는 것, 즉 교육자의 관점에서나 학생의 관점에서나 아직 보지 못한 존재 방식에 호소하는 것으로 성립된다. 사실 학생이 주체로 나타날 수 있는 공간을 여는 것은 가능성으로 **예견될** 수 없는 것으로서 '불가능'(Derrida), 바로 이것에 대한 탄원이다. 나는 이보다 덜한 어떠한 것도, 즉 오직 가능한 것, 눈에 보이는 것, 증거에 기반해서만 진행하고자 하는 어떠한 교육도, 실제로는 미래를 차단할 위험이 있다고 주장한다.

결론에서는 이 책의 주요 통찰들을 간략하게 요약하고 다음과 같은 주장으로 마무리한다. 교육이 만약 학생의 성숙한 주체됨에 관심을 둔다면, 가르침은 학생들에게 의미화의 자유, 혹은 학습의 자유를 행사하는 자유의 공간을 창조하는 것과 별로 상관없다. 오히려 가르침은 학생들이 그들의 자유와 마주칠 수 있는 가능성, 주체로서 성숙한 방식으로 세계 속에 존재하라는 '부름'과 마주칠 수 있는 실존적 가능성을 창조하는 것과 밀접한 관련이 있다.

교육의 과업은 무엇인가?

What Is The Educational Task?

이 장에서는 간단하지만 어떤 면에서 매우 근본적인 질문, "교육의 과업은 무엇인가?"를 탐색하려고 한다. 이 질문은 이상적이지 않은데 특히 '과업'이라는 말은 더 그렇다. 게르만어 중에는 내가 추구하는 바를 훨씬 정확하고 재미있게 표현할 단어들이 많다. 독일어에는 'Aufgabe'와 'Auftrag'라는 단어가 있는데, 네덜란드어 'opgave', 'opdracht'와 의미가 매우 가깝다. 이 단어들은 '해야 할 필요가 있는 일'들을 의미하는데, 교사나 교육자처럼 특정 상황이나 지위에 있을 때 해야 할 일이 있다는 것과 관계가 있다. 이것은 수행할 필요가 있는 임무나 해야 할 필요가 있는 일이라기보다는, 우리가 마주하는 책임에 관한 것이다. 흥미롭게도 'Gabe'와 'gave'는 실제로 선물을 의미하며, 'Aufgabe'와 'opgave'는 **주어진** 과업, 다시 말해 직업과 함께 주어진 임무 혹은 지위와 함께 따라오는 책임을 의미한다. 'Auftrag'와 'opdracht'에는 'tragen'과 'dragen'의 의미가 포함되어 있는데, 우리에게 주어지거나 요청되는 임무를 말한다. 우리는 이 임무를 수행하는 것이다. 따라서 교육적 과업이라는 질문을 통해 내가 표현하려는 것은, 교육이란 우리가 원하는 그 무엇이 아니라 특정 'Aufgabe'와 함께 따라오는 특정 책임이자 특정 명령이라고까지 말할 수 있다는 것이다.

이 장에서 제시하려는 대답은 교육적 과업은 다른 인간이 세계 속에 세계와 더불어 성숙한grown-up 방식으로 존재할 수 있도록 만드는 데 있다는 것이다. 보다 정확하게 정식으로 표현하면, 교육적 과업은 다른 인간 존재 안에 세계 속에 세계와 더불어 성숙한 방식으로 존재하고 싶은 열망, 즉 **주체로서** 존재하고 싶은 열망을 불러일으키는 것으로 이루어진다는 것이다. 이 대답을 더 깊이 탐색하려면 적어도 두 가지 측면의 고찰이 필요하다. 하나는 '성숙함grown-up-ness'이고, 다른 하나는 '존재existence'라는 용어이다. '존재'라는 용어는 인간이 존재하는 방식에 초점을 두고 사용하고자 한다. 단적으로 말하면 그들은 **누구**인가 라는 질문이 아니라, 그들은 **어떻게 있는가**에 대한 질문이다. 전자가 **정체성**을 묻는 질문이라면 후자는 **주체성**을 묻는 질문으로, 보다 정확하게는 인간의 **주체됨**subject-ness, 혹은 **주체임**being-subject의 인간적 '조건'에 관한 질문이다. 물론 나는 누구인가와 나는 어떻게 있는가 모두 교육적 맥락에서 합당한 질문이지만 이 둘은 매우 다르다. '정체성'과 '주체됨'은 교환가능한 개념이 아니기 때문에, 개념상의 수준에서나 그 개념의 표현상의 수준에서나 양자를 뒤섞지 않는 것이 중요하다.

　앞으로 더 자세히 논의하겠지만, 나는 '성숙함grown-up-ness'이라는 용어가 다소 어색하다는 것을 인정한다. 하지만 이를 발달 단계나 발달 과정상의 결과물이 아니라 존재의 방식 혹은 특정한 '질성quality'의 실존적 용어로 다루고자 한다. 성숙한 존재 방식과 비성숙한 존재 방식을 구별하자면, 성숙한 방식은 타인과 타자의 타자성alterity과 고유성integrity을 인정하는 반면, 비성숙한 방식은 이것이 '안중에' 없다. 다시 말해 성숙한 방식은 '저기' 있는 세계는 말 그대로 '저 바깥에' 있을 뿐, 그것은 자신이 만든 세계가 아니고 자신이 원하거나 상상한 대로 만들 수 있는 세계도 아니라는 것을 인정한다. 여기서 '세계'란 자연적 세계와 사회적 세계, 즉 사물의 세계와 존재들의 세계 모두를 가리킨다. 보다 구체적으로 지구와 지구상의 모든 것, 그리고 지구에서 마주치는 다른 인간 존재 모두를 가리킨다. 링기스Alfonso Lingis의 흥미로운 용어로는 지구와 지구에 거주하는 '지구인earthlings' 모두를 가리킨다(Lingis 1994, p. 123). 이 세계의 타자성과 고유성을 인정하는 것을, 타인과 타자가 존재할 수 있도록 내 편에서 관대하게 행위하는 것으로 이해해서는 안된다. 다시 말하면, 세계가 존재하거나 혹은 존재하지 않도록 결정하는 것은 내가 아니다. 그보다는 세계의 타자성과 고유성에 내 삶의 자리를 내어주느냐 아니냐를 결정하는 것, 그것이 바로 내가 해야 할 일이다.

교육의 과업은 다른 인간이 세계 속에 세계와 더불어 성숙하게 존재할 수 있도록 하는 것이라는 주장을 어떻게 정당화할 수 있는가? 절대적 의미에서 이것을 위한 정당화는 없으며, 이 점에서 이 주장은 문자 그대로 근거가 없다. 그렇다고 하여 이 주장이 교육적 과업에 관한 다른 대안적 견해와 비교할 때 유의미할 수도 있다는 것을 배제하지는 않는다. 여기서 강조하는 한 가지는, 실제로 우리가 정말로 존재할 수 있는 것은 세계 속에서 뿐이라는 것이다. 왜냐하면 세계에서 물러설 때 우리는 오직 자신하고만 함께 존재하고, 자신을 위해서만 존재하는 것으로 끝난다. 만약에 그런 식으로 존재하게 된다면 이는 매우 빈곤하고 자기함몰적인 존재 방식이 될 것이다. 그러므로 세계 속에 세계와 더불어 존재하는 것은 언제나 나의 존재와 세계의 존재 사이의 **관계**에 대한 질문을 제기한다. 여기서 다시, 적어도 출발점에서 말할 수 있는 것은 세계 속에 세계와 더불어 존재한다고 하면서 **동시에** 그곳에 존재할 수 있는 공간을 만들지 않는다면 정말로 세계에 존재하는 것이 아니라는 것이다. 그러므로 우리에게 도전이 되는 것은 자신을 세계의 중심이자 기원, 토대로 간주하지 않고 세계에 존재하는 것이다. 이것은 정확히 메이리우Philippe Meirieu가 '학생 주체student subject'를 설명하는 방식으로서, 이른바 학생 주체는 세계의 중심을 차지하지 않고 세계 **속에** 살 수 있는 사람이다(Meirieu 2007, p. 96 참조).[1]

그러나 아마도 훨씬 더 어려운 질문은, 왜 이것을 각자가 자신의 삶에서 파악해야 할 개인적인 무엇이 아니라 **교육적** 사안으로 생각해야 하는가이다. 다시 말해서, 왜 다른 인간이 성

---

1 불어로는, 'Un élève-sujet est capable de vivre dans le monde sans occuper le centre du monde'로 표현된다.

숙한 존재가 될 수 있도록 하는 것이 한 인간의 과업이며 책임
이자 심지어 의무라는 제안을 고려해야만 하는가? 이 질문에
대하여 다음의 사실을 언급하는 것으로 답할 수 있다. 즉, 이것
은 교육자들이 항상 해왔던 일이고, 부모가 된다는 것의 핵심
의미이자, 교사가 된다는 것의 핵심 의미라는 것이다. 내가 여
기서 하려는 것은 단지 이것이 우리 시대에 의미하는 바를 탐
색하는 것이다. 또한 다른 인간이 성숙하게 존재할 수 있도록
하려는 이 열망은 자유, 더 상세하게는 **타인**의 자유에 대한 관
심을 표명하는 것이며, 이것은 교육이 추구하는 핵심이라고
할 수 있다(Biesta & Säfström 2011, p. 540). 나는 진정으로 이것이
교육적 관심이며 교육적 과업을 **설명**하는 방식이라고 생각한
다. 그러나 이것이 자동적으로 **정당화**로 연결된다고는 생각하
지 않는다. 결과적으로 해방의 약속은 너무 자주 또 다른 권력
의 행사로 변질되었으며(예를 들어 Spivak 1988; Biesta 2010b, 더 폭
넓은 논의는 Andreotti 2011), 그리하여 이것은 우리가 신중하고
가식 없이 이 사안을 다루어야 한다는 것을 의미한다.

　나는 교육적 과업에 관한 생각을 비교적 간단하게 다섯 단
계로 제시할 것이다. 그중 일부는 이전에 출판된 글에서 더 자
세히 제시했던 아이디어와 연결되고, 다른 일부는 '존재'와 '성

숙'에 관한 보다 정확한 개념을 강조한다. 우선 주체성 혹은 주체됨의 개념을 살펴보고 **주체**로서 존재한다는 것이 의미하는 바를 서술할 것이다. 그 다음에 이 문제에 대해 조금 더 깊이 들어가서, 실존적 문제는 궁극적으로 이론적 문제라기보다 1인칭적 문제라고 주장할 것이다. 나는 이러한 구분의 이유를 설명하고, 이것이 주체됨의 질문과 특히 유일성의 아이디어와 관련해서 의미하는 바를 드러낼 것이다. 그리고 나서 다시 **세계 속에** 존재하는 것이 의미하는 바에 관련된 질문으로 돌아와서, 세계 속에 존재하지 **않는** 것이 의미하는 바를 강조함으로써 이 질문에 답하고자 한다. 이로써 세계 속에 존재하는 것의 성숙한 방식과 비성숙한 방식 간의 구분, 그리고 바라는 것과 바람직한 것 간의 구분의 중요성에 관해 좀 더 말할 수 있을 것이다. 마지막 다섯 번째 단계에서는 세계 속에 세계와 더불어 다른 인간의 성숙한 존재를 가능하게 하는데 기여할 교육적 '작업'에 관해 고찰할 것이다. 결론적으로 교육적 관계에서 권력과 권위의 역할, 그리고 이것이 교사와 가르침에 의미하는 바를 간략히 성찰하면서 이 장을 마무리할 것이다.

주체는 종속적이다

우리의 논의가 정체성이 아닌 인간 존재의 주체됨에 관한 제안이라는 사실을 받아들일 때, 던져야 할 첫 번째 질문은 주체가 된다는 것이 무엇을 의미하는가이다. 우리는 이 질문에 두 가지 방식으로 답할 수 있다. 하나는 주체 자체를 들여다보고 주체는 무엇**이다**를 찾는 것이고, 다른 하나는 주체로부터 시선을 돌려서 주체로 **존재한다**는 것이 무엇을 의미하는지를 묻는 것이다. 여기서 나는 사르트르의 명제 "존재는 본질에 앞선다"에서 영감을 얻어 두 번째 방법을 추구할 것이다. 즉, 우리는 먼저 존재하고, 존재 속에서 자신을 '발견하며', 우리가 누구인가라는 질문에 대한 답은 그 연후에 온다는 것이다.[2] 주체란 무엇인가라는 질문에 답하려는 시도가 결코 의미가 없는 것은 아니지만, 어떤 면에서 우리의 존재 자체와 관련해서 이 질문은 언제나 나중에 온다. 이 차원은 인간의 조건을 명확하게 해줄지 모르지만, 근거는 될 수 없다는 의미이다. 만약 하이데거의 통찰대로 존재라는 아이디어를 문자적 의미로 취한다면, 우리는 주체의 존재 한 측면을 이미 보기 시작할 수 있다.

---

2 사르트르는『실존주의는 휴머니즘이다』(2007/1946)에서 "인간은 제일 먼저 실존하고, 자신과 마주치고, 세계에 우뚝 서다 – 그 이후에 자신을 정의한다"(p. 28)라고 쓰고 있다.

즉, 주체로 존재한다는 것은 자신과 함께 있는 것이나 자신과 동일한 것을 의미하는 것이 아니라 자신의 '바깥에' 있는 것, 어떤 면에서 세계를 향하여 '밖에 서고stand out; ek-sist' 그 속으로 '던져진' 것이다.

주체**의** 존재와 주체**로서** 존재에 관해 강조하고 싶은 핵심 통찰은 우리의 주체됨은 대체로 우리 손에 달려 있지 않다는 것이며, 오히려 전혀 우리 손안에 있지 않다고 말해야 될지도 모르겠다. 아렌트Hannah Arendt는 주체됨의 이런 측면을 이해하는 데 가장 도움을 준 저자로서, 특히 행위의 개념이 그러하다. 이 개념은 그녀의 저작에서 매우 정확한 정의를 가진 전문용어이다. 아렌트가 **활동적 삶**vita activa의 세 가지 양식 중 하나로 제시한 행위(Arendt, 1958)는, 무엇보다 주도권을 가지는 것, 즉 무엇인가를 시작하는 것이다. 인간 존재의 사멸성을 강조한 다른 많은 철학자와 달리, 아렌트는 인간의 능력을 이와 반대 방향에서 시작이자 시작하는 자로서 바라본다. 아렌트는 행위를 탄생의 사실에 비유하는데, 각 사람의 탄생은 '고유하게 새로운' 어떤 것이 세계 속으로 오는 것이기 때문이다(Arendt 1958, p. 178). 그런데 이것은 탄생의 순간에만 일어나는 것이 아니다. 우리는 '말과 행위'를 통해 계속적으로 세계 속에 새로운 시작을 가지고 온다.

그러나 시작은 행위의 의미 중 절반밖에 되지 않는다. 왜냐하면 우리의 시작이 어떠한 결과가 되느냐의 여부, 우리의 시작이 "세계 속으로 올 것인지"의 여부(Biesta 2006 참조)는 **전적으로 타인들**이 우리의 시작을 취할 것인지, 그리고 어떻게 취할 것인지의 여부에 달려 있기 때문이다. 여기서 '취하다'는 그러한 시작에 응답하고, 그러한 시작을 반복하고, 그러한 시작을 더 깊은 주도권을 위한 시발점으로 삼는 등의 의미를 포괄하도록 최대한 폭넓게 이해될 필요가 있다. 이것이 아렌트가 '행위자'는 저자나 생산자가 아닌, 이중적 의미의 세계에서 주체라고 쓴 이유이다. 즉, 행위자는 행위를 시작한 자이면서, 동시에 그 결과로부터 고통당할 뿐만 아니라 문자 그대로 그것에 종속되어 있는 자이다(Arendt 1958, p. 184 참조). 이것의 결과는 행위를 위한 우리의 '능력'이 정확히는 우리가 가지거나 소유한 능력이 아니며, 타인이 우리의 시작에 응하는 방식에 달려 있다는 것이다. 이 점에서 우리의 주체됨이 우리 손에 있지 않다고 말할 수 있으며, 크리츨리(Simon Critchley 1996, p. 63)가 요약했던 바를 그대로 따른다면 "주체는 종속적**이다**"라고 말할 수 있다.

가르침의 재발견

타인이 우리의 주도권을 취한다는 사실은 우리의 시작을 좌절시키기도 한다는 뜻이다. 하지만 아렌트는 이 시작을 실재적인 것으로 만들어주고, 또 세계 속으로 올 수 있도록 해주는 바로 그 유일한 조건이 "우리가 행한 일의 고유한 주인으로 남을 수 없음"이라고 거듭 강조한다(Arendt 1958, p. 244). 그러므로 이것이 **우리가** 세계 속으로 들어올 수 있는, 즉 주체로 존재할 수 있는 유일한 조건이기도 하다. 타인이 우리의 시작에 응하는 방식을 통제하고 싶은 유혹이 들기도 하지만, 그렇게 하면 타인이 행위할 수 있는 기회, 즉 타인이 주체로 시작하고 존재할 수 있는 기회를 우리가 박탈하게 된다. 또 **한 사람**만 행위할 수 있고, 한 사람만 주체가 될 수 있으며, 그 외의 모든 사람은 단지 추종자이자 주체의 대상으로 남는 세계가 뒤따르게 된다. 따라서 아렌트는 행위는 결코 고립 속에서 가능하지 않다고 결론짓는다. 이것은 고립 상태에서는 결코 주체로 존재할 수 없다는 것을 의미한다. 아렌트는 여기서 더 나아가 "고립되는 것은 행위할 능력을 박탈당하는 것이다"라고 주장한다(p. 188). 이것은 아렌트의 간결하고 심오한 진술 "복수성은 인간 행위의 조건이다"(p. 8)로 이어진다. 즉, 오직 복수성의 조건 아래에서만 모두를 위한, 모두의 주체됨을 위한 행위가 가능하다는 것이다. 그런데 이것은 경험적 진술이 아니라 아렌트 작업의 규범직 '핵심'으로 읽는 것이 중요하다. 그래야 모두가 행위할 기회를 가지고 주체로 존재하는 세계에 명시적으로 헌신하게 된다(Biesta, 2010d 참조).

대체 불가능한 유일성Uniqueness

아렌트는 우리의 주체됨이 우리 손에 달려 있는 것이 아니라 상당 부분 우리의 주도권에 대하여 타인이 행하는 것에 달려 있다는 생각에 의미를 부여한다. 그러나 아렌트의 접근에는 여전히 두 가지 한계가 있으며, 이것은 서로 연결된 면이 있다. 첫 번째 한계는 아렌트가 인간 주체됨에 관한 **이론**을 제시하고 있다는 것이며, 이 때문에 주체됨의 질문에 대하여 **3인칭적 관점**에서 접근한다는 것이다. 아렌트의 통찰이 빛남에도 불구하고 소위 **1인칭적 관점**이라 부를 수 있는 주체 자체의 존재 관점이 아니라, 주체됨의 조건을 '바깥에서' 기술하고 있는 것이다. 두 번째 한계는 아렌트가 개별 인간 주체의 유일성에 관한 설명보다는 인간 주체됨의 조건에 관한 **일반적인** 설명을 제시한다는 것이다. 다소 거칠게 말해서, 아렌트는 주체가 존재한다는 의미를 더 면밀히 이해하게 도와주지만, 개별적 인간 주체가 존재하는 것이 왜 중요한지에 관한 근거를 제시하지는 않는다. 이러한 설명은 다소 추상적이라 모호하고 이상하게 들릴 수도 있다. 그러나 이것은 레비나스가 인간 주체됨의 질문에 접근할 때 정확히 문제 삼는 지점이기도 하다. 레비나스는 이론의 형태가 아닌 1인칭적 관점에서 주체됨에 대한 '설명'을 제시하고자 한다. 여기서 주체됨이란 나를 위해 아무도 대신 알아줄 수도 없고, 다른 누군가를 위해서 내가 대신 알아줄 수도 없는, **내**가 '알아내야만 하는' 어떤 것으로 출현한다. 이러한 레비나스의 설명에서 핵심 용어는 '유일성'이다.

유일성은 까다로운 용어다. 우리가 이 용어를 3인칭적 관점에서 이해하는 경향이 있기 때문이다. 각 사람을 다른 누구와도 다르게 만들어주는 특징과 능력에 관한 질문으로 유일성을 이해하는 것이다. 이것을 **차이의 유일성**이라는 개념으로 부를 수 있을지도 모르겠다. 이것은 즉각적으로 정체성과 동일성, 그리고 외부적 관점에서의 유일성에 관한 질문으로 옮겨놓는다. 여기서 우리는 추상적 관점에서 개개인의 존재가 어떤 점에서 어떻게 다른 인간과 다른지를 명료화할 수 있다. 레비나스는 자신의 저서에서 유일성에 관하여 이와 다르게 질문할 필요성을 암시하고 있다. 그것은 나를 다른 사람과 다르게 만들어 주는 것을 묻는 질문, 즉 "무엇이 나를 유일하게 **만들어 주는가?**"라는 질문이 아니라, "내가 나라는 것이 **언제 중요한가?**"라는 질문의 필요성이다. 후자의 질문은 나를 타인과 구별지어 주는 소유나 가진 것에 관련된 것을 묻지 '**않는다**'. 오히려 나의 유일성이 '위태로운', 따라서 **내**가 위태로운 그런 상황이나 사건을 찾는다. 레비나스가 염두에 둔 것은, 누군가가 다른 누구도 아닌 **나**를 향해 언명하는 방식으로 나를 호출하는 상황이다. 이 상황에서의 호출은 나에게로 오고, 오직 나만이 대답할 수 있다. 다르게 말하면 그것은 우리가 책임과 마주치는 상황으로, 레비나스가 책임은 "주체성의 필수적이고 중요하며 근본적인 구조"라고 주장한 이유가 바로 여기에 있다(Levinas 1985, p. 95).

링기스(Lingis, 1994)는 죽어가는 친구가 당신을 보고 싶다고 요청하는 유용한 사례 하나를 제시한다. 링기스의 주장에 따르면 그 요청은 오직 **당신에게만** 언명되는 질문으로, 그 친구는 다른 누군가를 보는 것에 관심이 없고, 다른 누구도 아닌 당신을 보고 싶어한다. 따라서 그 질문은 문자 그대로 당신만을 선별적으로 골라낸다. 이것은 당신에게 책임을 지우는 질문이다. 이 책임을 떠맡거나 회피할 수 있는 이는 바로 당신이다. 레비나스에게 책임이야말로 "자아의 첫 번째 현실"이라고 바우만Zygmunt Bauman이 요약한 내용은(Bauman 1993, p. 13), 여기서 일어나고 있는 일이 무엇인지 지극히 잘 포착한 것이라고 할 수 있다. 왜냐하면 **나에게** 책임이 있는 그러한 마주침에서만 나의 유일성이 문제가 되고, 나의 유일성이 '위태롭게 되고', 따라서 내가 위태롭게 되기 때문이다. 여기서 유일성은 3인칭적 관점에서의 차이의 문제가 아니라 1인칭적 관점에서의 **대체불가능성**의 문제이다. 레비나스가 말했듯이, 유일성은 "아무도 나를 대신해서 할 수 없는 것"을 하는 것이다(Levinas 1989, p. 202). 물론 우리에게 책임을 지라고 강요할 수 있는 사람은 아무도 없다. 그 점에서 레비나스는 우리가 반드시 해야만 하는 의무에 관해 기술하고 있는 것이 아니다. 그렇다고 하여 레비나스가 책임을 생물학적 사실, 즉 우리가 하지 않을 수 없는 어떤 것으로 보는 것도 아니다. 그와 반대로, 다소 생소한 의미에서 인간의 자유는 우리 자신이 직면한 그 책임으로부터 회피할 수 있는 가능성을 가지는 것을 의미하며, 이것은 전적으로 우리 각자에게 달린 일이다. 우리가 타자의 주체됨을 존중한다면, 즉 우리 행위와 의도의 대상이 아닌 자신의 고유한 권리를 가진 주체로 마주한다면, 우리가 다른 사람을 위해 이 책임을 대신 떠맡을 수도, 특정한 방식으로 행위하도록 그 사람을 강요할 수도 없다. 이것은 교육에 중요한 함의를 지니며, 앞으로 이 주제를 다시 다룰 것이다.

마지막으로 언급하자면 나의 유일성이 중요해지기 시작하는 것과 관련된 책임은 나에게서 생성되는 것이 아니라 언제나 그리고 구조적으로 외부로부터 온다. 그것은 다른 사람을 책임지거나 돌보려는 감정이나 필요에서 출발하지 않는다. 그 책임은, 그것에 직면해서만 내 유일성이 중요해지기 시작하고, 그것에 응답해서만 개별적이고 독특한 나의 주체됨을 깨달을 수 있는 그런 것이다. 따라서 이 책임은 언제나 나의 '내재성'의 중단, 즉 내 존재가 자아와 함께 있고 자아를 위해 있는 것이 중단될 때 나타난다. 어떤 경우 레비나스는 인간 주체됨을 "내재성의 바로 그 분열됨"으로(Levinas 1989, p. 204) 묘사한다, 혹은 조금 덜 '강한' 표현으로 "그의 정체성 안에 졸고 있는 동일성"이 타자에 의해 **깨어나는** 순간으로 묘사한다(p. 209).

아렌트와 레비나스 모두 우리의 주체됨이 어떻게 우리 손에 달려 있지 않은지를 보여주고자 한다. 아렌트는 나의 주도권으로부터 출발해서 그것이 실재적인 것이 되기 위해 타인에 의해 어떻게 취해질 필요가 있는지를 설명하는 반면, 레비나스는 주체됨을 제일 위에 두고 어떻게 내 주체됨의 가능성이 외부에서 출발하고, **그 다음에** 나에게 '중요한 문제'가 되는지, 즉 나에게 유일하고 고유하게 되는지를 보여준다. 그 '중요한 문제'는 내가 마주치는 책임에 응답함으로써 그 순간 나의 주체됨을 '실현'할 것인가, 혹은 회피할 것인가의 여부이다. 아렌트가 3인칭적 관점에서 우리의 주체됨이 우리 손에 달려 있지 않은 방식의 이론을 제시한다면, 레비나스는 주체됨이 궁극적으로 어떻게 우리 각자가 개별적으로 감당하고 해명해야 하는 문제가 되는지를 보여준다. 이는 1인칭적 관점에서 주체됨의 질문에 참여하는 **현상학**에 가까운 것이라 할 수 있다. 언급한 바와 같이 이론은 도움을 줄 수 있지만 결코 실존적 질문을 대체할 수는 없으며, 때로는 실제로 그 질문에 참여하지 않아도 된다는 핑곗거리가 되기도 한다.

세계파괴와 자기파괴의 중간 지대

앞에서 주체로 존재한다는 것의 의미에 관한 통찰을 다루었다. 이제 교육적 과업의 두 번째 논제로 넘어가서 교육적으로 중요한 것은 세계 속에 세계와 더불어 성숙한 방식으로 존재하는 것이라는 주장에 대해 살펴보자. 내가 이미 밝힌 바와 같이 성숙은 타인과 타자의 타자성과 고유성을 인정하는 것과 관련된다. 만약 이 인정을 내 편에서의 관대함, 즉 내가 세계를 존재하도록 '허용'하는 것과 같은 오만함으로 이해하지 않으려면 어떻게 그 의미를 이해해야 할까? 그 한 가지 방식은 우리의 주도권이 저항과 마주쳤을 때 무슨 일이 일어날지 아렌트의 용어로 논의하는 것이다.

저항과 마주치는 것, 즉 우리의 주도권에 저항하는 무엇, 혹은 누군가와 마주친다는 것은 대단히 중요한 경험이다. 세계가 정신이나 욕망의 구성이 아니라 자체의 고유함을 가지고 실제로 존재한다는 것을 보여주기 때문이다. 이 점에서 보면 저항을 경험하는 것은 세계를 경험한다는 것으로, 우리가 아무 데나 있는 것이 아니라 **어딘가**에 있다는 경험이다. 저항에 직면할 때 우리가 무엇을 하는지, 혹은 무엇을 할 수 있는지 세 가지 선택지를 살펴보자.

우리의 주도권이 저항을 만났을 때 첫 번째 반응은 아마도 주도권을 좌절시키거나 방해하는 것, 혹은 실행할 능력을 제한시키는 것을 마주한 것에서 오는 짜증일 것이다. 우리에게 저항하는 것을 비난할 수도 있고 우리 의도나 의지를 더 강화할 수도 있다. 이는 부분적으로 우리 계획을 실현하기 위해, 즉 세계에 도달하기 위해 행해져야 하지만, 세계를 향한 우리 의

지가 너무 지나치게 강하면 저항하는 '실체'의 고유함을 파괴하는 데까지 이르게 된다. 물질적 세계와의 마주침을 생각해보자면, 만들고 싶은 모양이 있는데 너무 세게 힘을 주면 그 힘으로 인해 부서질 것이다. 이 경우 우리는 우리에게 저항하는 실체를 파괴하는 것으로 끝난다. 따라서 저항과 마주칠 때 그 스펙트럼의 한 극단에 **세계파괴**world-destruction의 위험이 있다고 말할 수 있다.

이로부터 이 스펙트럼의 다른 한 극단에 놓여 있는 것을 볼 수 있다. 저항의 경험, 더 상세하게는 이 경험의 좌절로부터 오는 두 번째 반응은 저항하는 실체에서 물러서는 것, 즉 그것에서 회피하는 것이다. 저항의 경험에 직면할 때 그 상황이 너무 복잡하고 어려우면 그것을 버텨낼 힘도 욕구도 없어진다. 따라서 저항하는 것과의 마주침에서 우리는 뒷걸음치기 시작하며, 흔한 말로 뒤로 물러서게 된다. 저항하는 것은 세계에 존재할 여지를 남기고 또 그럴만한 충분한 이유도 있지만, 우리가 세계에 참여하는 것에서 결국 물러서게 된다는 것, 즉 세계에서 (존재함으로부터) 궁극적으로는 완전히 물러서게 된다는 위험이 있다. 이것을 유사한 논조로 말하면, 애초에 우리로 하여금 세계에 존재하도록 해준 바로 그 조건을 포기하거나 파괴하게 되는 것이다. 여기서 우리는 다른 극단에 놓인 **자기파괴**self-destruction의 위험을 발견하게 된다.

세계파괴와 자기파괴는 저항과의 만남, 즉 세계와의 만남에 대한 극단적 반응으로서 실제로 세계의 바깥, 즉 **무존재**non-existenc의 공간으로 끝나게 되는 반응이다. 그리하여 이 두 가지는 또한 **세계적** 존재, 즉 세계 속에 세계와 더불어 존재하는 것이 가능하고, 문자 그대로 그러한 존재 가능성이 **일어나는** 중간 지대를 표시한다. 이 중간 지대를 **대화**라고 부를 수 있을 것이다. 대화를 담소로만 생각하지 않고, 참여하는 모든 동료들을 정당하게 대하고자 하는 공존의 방식이자 실존적 형식으로 여기기만 한다면 말이다. 이 점에서 대화는 근본적으로 시합과는 다르다. 시합은 승자와 패자를 가리는 것을 목표로 하는 실존적 형식이고, 또한 시합은 누군가가 이기면 끝이 난다. 반면에 대화는 지속적이고 끝이 없는 도전으로 'Aufgabe'라고 부를 수 있다. 시합은 한정된 에너지의 발산을 요하지만, 대화 속에 머무는 것은 지속적이고 계속되는 에너지, 주의, 헌신을 요한다.

중간 지대는 머물기에 쉬운 장소가 아니다. 이 때문에 세계파괴와 자기파괴라는 양극단에 우리가 매료되는 것은 일부분 이해할 수 있다. 왜냐하면, 양극단은 세계 속에 세계와 더불어 존재하는 어려움에서 벗어날 수 있는 피난처가 되기 때문이다. 때때로 우리는 이 어려운 중간 지대에서 정말로 물러설 필요도 있다. 아마도 그곳에서 마주치는 것에 관한 관점을 얻기 위해서나 힘을 충전하기 위해서일 것이다. 때로는 뭔가 더 나은 것을 위해서 '밀어붙일' 필요도 있는데, 이 또한 중간 지대가 아무것이나 존재해도 되는 공간이 아니라는 것을 보여 준다. 그러나 궁극적으로 존재는 **오직** 중간 지대에서 가능하다. 그러므로 중간 지대는 순수한 자기표현의 공간이 아니다. 오히려 자기표현이 한계와 중단, 응답과 마주치는 공간이며, 이 모든 것은 아렌트가 말한 좌절과 레비나스가 말한 내재성의 균열을 지닌다. 그러나 레비나스의 주장을 따르자면, 이 경험이 세계 바깥의 오직 나 자신하고만 있는 나른하고 졸린 상태로부터 우리를 깨운다고 말할 수 있다. 우리가 그 안에 '진짜로' 있다고 말해 주는 것으로, 내가 **하는** 것이 중요하고 내가 어떻게 **있는지**가 중요하며 **나 자신**이 중요한 경험의 지대이다. 따라서 중간 지대에 머물기 위해서는 이 곤경을 우리 존재를 가능하게 해주는 바로 그 곤경으로 긍정하고 심지어 기꺼이 포용해야 한다. 이 때문에 중간 지대에 머무는 것은 우리 밖에 존재함

ek-sistence이라는 세계적 존재의 욕구를 불러일으키는 것이다.

성숙함, 그리고 바라는 것과 바람직한 것

이 장의 초반부에서 성숙을 발달 과정의 결과물이 아니라 존재의 질성, 혹은 실존적 질성으로 기술하였다. 이 점을 감안하면 세계파괴와 자기파괴 사이의 중간 지대를 타인과 타자와 함께 성숙하게 존재하는 방식을 획득하는 장소로 이해하는 것이 그리 어렵지 않을 것이다. 성숙을 **성취되는** 어떤 것으로 언급함으로써, 나는 이 장에서 전개되는 사유의 실존주의적 경향을 다시 한번 강조한다. 성숙을 소유하거나 가질 수 있는 것으로 이해하지 않도록 조심해야 한다는 의미이다. 또한 성숙은 우리가 그러하다고 주장할 수 있는 속성과 같은 것도 아닌데, 그 주장에서 성숙은 마치 안전하게 소유해서 우리가 하는 모든 것에 그것이 스며있는 것으로 이해되기 때문이다. 타인이나 타자와 함께 성숙하게 존재하는 방식을 성취하기 위해 노력하느냐 아니냐는 항상 위태롭고 의문스럽다. 새로운 상황마다 성숙한 방식으로 참여하는 데 결국 실패할 수도 있다. 우리가 우리 자신과 함께 있기보다는 **존재하기를** 열망한다면, 계속 노력하는 것이 중요하지만 그 노력의 결과물은 결코 확신할 수 없다. 심지어 그 행위와 반응에 놀라거나 실망할 수도 있다.

성숙함(grown-up-ness, 어른스러움)이 이상적 용어는 아니다. 성장의 과정을 지시하고 그 과정의 결과가 성숙이라고 암시하기 때문만은 아니다. (그리고 나는 그렇지 않다고 이미 주장한 바 있다.) 성숙은 타인과 타자성에 대하여 행위하고 응답하는 또 하나의 방식을 극복하려는 상태를 지칭한다. 극복의 대상은 나 스스로 비성숙으로 특징지었던 것으로 비성숙은 유아기적이고(아래 참조) 자아중심적ego-centric이라고 말할 수도 있다. 혹은 타인과 타자의 논리가 아니라 자기 논리를 따르는 것으로 레비나스의 용어인 자기중심적egological[3]이라고 말할 수도 있다. 자기중심적 존재 방식은 전적으로 자기 욕구에 의해 발생한다. 즉, 세계 속에 세계와 더불어 있는 자아의 존재를 위해서나 자아가 그 안에서 또 그와 더불어 존재하고자 추구하는 세계를 위해서 자신의 욕구가 바람직한지, 바람직하다면 어떻게 어느 정도로 바람직한지 같은 것은 묻지 않는 것이다. 여기서 이 구분은 중요하다.

성숙은 욕구의 억제가 아니라 우리 자신의 삶과 함께 살아

---

3 영어 번역에서 실제적으로 레비나스가 사용하는 용어는 '에고학(egology)'이다. 레비나스 참조(1969/1961).

갈 타자의 삶을 위해 우리가 바라는 것이 바람직한지를 질문함으로써 우리의 욕구가 그 실재성을 확인받는 과정이다. 이 질문은 언제나 우리 욕구의 **중단 혹은 방해**interruption로 자리하며, 이는 교육적으로도 중요하다. 욕구의 중단 혹은 방해는 부분적으로는 저항의 경험을 통해 드러난다. 저항과 만날 때 세계와 만나는 동시에 세계와 관련하여 우리가 가진 욕구와도 만난다고 말할 수 있다.

우리가 저항과 만날 때, 세계는 우리에게 무언가를 말하려는 것이라고 할 수 있다. 혹은 세계가 우리에게 무언가를 가르치려 한다고까지 말할 수도 있다. 그러나 욕구의 중단이나 방해는 우리가 바라는 것이 실제로 바랄 만한 것인지 다른 사람이 질문할 때 실제로 작동한다. 그 질문이 우리 자신의 질문이 되고 우리 자신의 삶에서 살아 있는 질문이 되는 상황에 이를 수도 있다. 나는 이것의 교육적 중요성에 관해 다시 다룰 것이다. 그러므로 이 모든 것에서 궁극적으로 바라는 것은 우리 욕구를 제거하는 것이 아니라 세계 속에 세계와 더불어 존재하는 성숙한 방식을 지지하고 지속할 수 있도록 세계적 형식과 질성을 부여하는 것이다. 스피박(Spivak 2004, p. 526)은 '욕구의 비강제적 재배치'라는 흥미로운 표현을 사용하여 교육이 무엇이고 무엇에 관한 것인지를 정의한다.

내가 '어른'과 '유아'라는 대립어를 실존적 방식으로 사용하는 것은 아이들을 나쁘게 명명하거나 모든 어른들은 성숙한 방식으로 존재할 수 있다고 가정하는 것이 아니다. 이와 반대로 타인과 타자에게 참여할 수 있는 상이한 두 가지 방식을 유아와 어른, 자기중심적임과 비자기중심적임으로 이해함으로써 두 선택지가 아이와 어른 **모두**에게 열려 있다는 것을 부각시키고자 한다. 또한 우리는 특정 상황에서 아이 같은지 어른 같은지의 여부를 상호적으로 알 수 있을 뿐이라고 말해야 할 것이다. 우리 나이와 몸의 크기는 결코 확실한 지표가 아닌 것이다.

마지막으로 각자 고유하게 할 수 있는 것에 관심을 가져야 하지만 우리가 행위하며 살아가는 환경도 강하고 영향력 있는 메시지를 내보내고 있다는 것을 잊지 말아야 한다. 근대적 삶이 자본주의 논리에 의해 구조화되는 한, 우리는 욕구의 중단이나 제한에는 관심이 없고 더 많이 욕망하고 더 많이 구매하는 욕구 증대만 강조하는 환경 속에 산다고 말할 수 있다. 그러한 '충동 사회'(Roberts 2014)는 성숙함에는 관심이 **없고** 우리가 유아로 남아 있는 것을 더 좋아한다. 거기서 돈이 만들어지기 때문이다.

교육적 작업: 중단interruption, 유예suspension, 지속sustenence

이상이 세계 속에 세계와 더불어 성숙한 방식으로 존재한다는
것, 즉 주체로서 존재한다는 것의 의미라 할 수 있다. 이와 같
은 이해가 비록 완벽하지는 않지만 어느 정도 충분하다면, 이
제 그러한 존재를 가능하게 하는 데 기여할 수 있는 교육적 작
업[4] 몇 가지를 말해보자.

아마도 교육을 아동의 발달을 촉진시키고 학생의 재능과 잠
재력을 최대한 발달시키는 것으로 여기는 풍조에 맞서 가장
중요하게 짚고 넘어가야 할 부분은, 세계 속에 세계와 더불어
성숙한 방식으로 존재하기 위한 교육의 주요 원칙은 **중단**이라
는 것이다. 이 같은 사유의 노선은 부분적으로는 주체가 되는
것의 조건에 관한 아렌트의 성찰을 따른 것이다. 이것은 우리
의 주체됨이 우리 손에 달려 있지 않다는 것을 강조한다. 그러
나 가장 명시적으로는 레비나스가 추구했던 사유의 노선과 제
안을 따른 것이다. 레비나스에 의하면, 주체됨의 사건은 언제
나 나를 위해 나와 함께 있는 존재라는 나의 내재성의 중단으

---

4 여기서 '작업'이라는 용어는 어떤 특정한 이론적 함의 없이 매우 느슨하게 사용된다.

로서 나타나며 또한 이 나른하고 졸린 상태로부터 깨어나는 것으로 나타난다.

레비나스의 정식은 다소 추상적으로 들릴 수도 있지만, 그 핵심 통찰은 비교적 간단하다. 예를 들면 우리 모두 선을 향한 재능과 악을 향한 재능을 가지고 있고, 도덕성과 범죄성 둘 다 발달과정의 결과로 이해할 수 있다. 이 사실을 염두에 둔다면 교육적 과업은 결코 아동의 발달을 증진시키는 것만이 아니라 오히려 어떤 발달이 바람직하고 어떤 발달이 그렇지 않은지에 관한 질문에 관심을 둘 필요가 있다는 것을 즉각적으로 보여준다. 이것은 발달에 개입하고 질문하는 것이 교육의 근본적 태도라는 것을 의미한다. 또한 교육적 과업이 단지 학생들의 모든 재능을 발달시키고 그들의 모든 잠재성에 도달하도록 만드는 것에만 있지 않다는 것을 의미한다. 거듭 말하지만, 우리는 세계에 성숙한 방식으로 존재하기 위해서 재능과 잠재성을 검토해 어떤 재능이 이롭고 어떤 재능이 방해가 되는지 탐색하는 것을 추구한다. 이것은 단지 학생들의 모든 것이 발현하고 성장하고 흐르고 번영하도록 내버려두는 것이라기보다 오히려 필연적으로 중단을 요청한다. 따라서 교육을 단지 아동의 발달을 지지하고 각 학생의 재능을 발달시키고 잠재성을 완전히 발현하도록 하는 것이라고 주장하는 것은 교육적 거짓말이다. 이 거짓밀은 아동과 학생을 향해서도, 또한 교육자들이 자신의 과업을 기술하고 교육적 실제가 무엇인지 이해하기 위한 어휘로서도 오해를 불러오는 것이다.

이 점에서 중단은 교육적 작업의 근본 구조를 부각시켜 주기 때문에 가장 중요한 용어이다. 하지만 중단은 다양한 방식으로 행해질 수 있으며, 일부는 교육적으로 성숙의 향상을 지향하지만 일부는 그렇지 않다는 것을 알 필요도 있다. 비교육적으로 중단을 행하는 방식은 우리가 **직접적인** 도덕교육이라고 부르는 것이다. 여기에서 중단은 아이와 아이의 시작에 관해 교육자가 '틀렸어!' 같은 정죄나 '잘했어!' 같은 칭찬처럼 직접 판단하는 형식으로 이루어진다. 여기서 문제는 피드백 그자체가 아니라(물론 이것도 중요하고 어느 정도는 유용하지만), 그 판단이 교육자로부터 나와서 아이**에게** 바로 적용된다는 사실이다. 왜냐하면 그러한 판단 아래에서는 아이가 주체로 출현할 시간과 기회가 전혀 주어지지 않기 때문이다. 아이는 단지 교육자의 판단 대상이나 교육자의 판단에 종속된 자로 남게 된다고 할 수 있다.

이것을 바람과 바람직한 것의 구분으로 생각해볼 수 있다.

이 구분은 존재의 유아적 방식과 성숙한 방식 간의 차이를 표시한다고 한 바 있지만 이것을 주의 깊게 독해하는 것이 중요하다. 여기서 '욕구'는 유아적 방식이고 '바람직한 것'은 성숙한 방식이라는 말이 아니다. 성숙한 방식은 자신의 욕구와 그것의 잠재적 바람직함을 구별하고 숙고할 수 있는 '능력'에 의해 특징지워지는데, 그 능력은 의지나 욕구 그 자체로 불러야할 것이다. 다시 말해 비성숙함과 성숙함의 차이는 자신의 욕구의 대상이 되느냐, 보다 정확하게는 자신의 욕구에 **종속**되느냐, 아니면 그것의 **주체**가 되느냐의 차이이다.

아이와 학생의 욕구가 바람직한지를 교육자가 결정짓는 한, 아이와 학생은 교육자의 의도와 활동의 대상으로만 남게 된다. 그러므로 교육의 핵심적 도전은 아이와 학생에게 그들의 욕구가 바람직한지를 말해 주는 것이 아니라, 아이와 학생의 삶에 이것이 살아 있는 질문이 되도록 하는 데 있다. 이것은 직접적인 도덕교육을 요구하는 것이 **아니다**. 그들 안에 욕구가 일어나는 것과 그것을 따르는 행위 사이에 틈을 만들어야 하는 것처럼, 아이와 학생이 자신의 욕구와 관계를 설정할 수 있도록 말 그대로 진짜 공간과 은유적 공간을 열어줄 필요성을 암시하는 것이다. 이 지점에서 요청되는 교육적 원리는 **유예**

suspension, 즉 시간과 장소의 유예라고 할 수 있다. 유예는 욕구와 관계를 설정할 수 있는 기회를 제공하는 것으로, 욕구를 스스로에게 가시화하고 지각해서 그 결과 욕구에 모종의 작업을 할 수 있도록 하는 것이다.[5] 요점을 분명히 하자면 이것은 욕구를 극복하거나 파괴하는 과정이 아니다. 결국 욕구는 중요한 추동력이 된다. 그 욕구를 선택하고 변형함으로써 욕구에 종속되는 것에서 벗어나 욕구의 주체가 되도록 하는 것이다. 스피박은 유예를 '욕구의 비강제적인 재배치'(Spivak 2004, p. 526)라고 했는데, 내가 말하는 유예는 이 명제에서 제시하는 것보다는 조금 덜 비강제적이고, 재배치에 더하여 욕구의 강도에 변화를 수반하는 것이다.

중단과 유예 모두 학생을 중간 지대에 두고자 하는 의도와 더불어 중간 지대에서 발생한다. 성숙은 오직 중간 지대에서만 성취될 수 있기 때문이다. 교육적 작업의 세 번째 차원은 학생이 이 어려운 중간 지대에 머물도록 지원해주는 것인데, 이것은 가장 중요하고도 가장 불안정한 차원이다. 학생들이 세계 속에 세계와 더불어 존재하는 어려움을 견딜 수 있도록 상

---

5 비에스타(2017)는 이 과정에서 예술이 이룰 수 있는 특별한 공헌을 훨씬 더 상세하게 논의한다.

상 가능한 모든 형식의 **지속**sustenance을 제공하는 것이다. 그러나 중간 지대에서 학생들이 세계와 만나기 때문에, 여기서의 교육적 작업도 이 만남을 가능하게 하고 그것에 교수법이나 교육과정과 관련된 형식을 부여하는 것이 된다. 더 상세하게 말하면 저항의 경험에 형식을 주어서, 타자성과 고유성 속에서 세계를 경험할 수 있는 진짜 가능성을 주는 것이다. 이것은 저항의 경험을 마주하고 함께 작업할 수 있도록, 혹은 그것을 **통해** 작업할 수 있도록 시간을 제공하는 것이다.

여기서 저항의 경험을 중요하고 유의미하며 긍정적인 것으로 '시연'하는 것, 그리고 이것이 이루어질 수 있는 다양하고 많은 방식에 대한 안목을 가지는 것이 교육자의 역할이다. 이것은 그저 일을 더 어렵게 만드는 것이 아니라, 세계에 주체로 존재함이라는 질문 그 자체의 중요성을 인정하는 것과 관련된다. 이런 방식은 교육을 유연화하고 개별화해서 학생과 아동의 개별적 욕구에 완전히 맞춤으로써 교육에서 모든 저항을 없애려는 시도에 경고를 준다. 그러한 전략은 학생들을 세계에 참여하도록 지원하기보다 세계로부터 고립시킬 위험이 있다. 아동과 학생에게 저항의 경험을 어디에서 어떻게 만나게 할 것인지를 보여주는 것은 교육적으로 유의미하다(단지 그렇다고 말만 하는 것이 아니라 이에 대한 다양한 형식을 취할 수 있다), 또 아동과 학생을 세계파괴와 자기파괴라는 두 가지 극단으로부터 떼어내기 위해서도 중요하다. 혹시 '떼어낸다'는 부정적 표현에 반대한다면, 아동과 학생에게 어려운 중간 지대에 머물고 싶어 하는 욕구를 불러일으키는 것이 교육자의 역할이라고 말할 수 있다.

권력을 권위로 바꾸기: 가르침의 아름다운 모험

어떤 의미에서 중단, 유예, 지속이 다소 구체적인 활동이라면, 교사의 과업에는 교사의 손에 거의 또는 전혀 달려 있지 않은 또 다른 차원이 있다. 이 차원은 권력을 권위로 바꾸는 것과 관련된다. 여기서 문제는 비록 교육적 중단이 학생의 주체됨을 목표로 하더라도 적어도 학생들이 그러한 중단이 일어나기를 원하지 않는 경우에는 그 시행이 권력의 행위로 보일 수 있다는 사실이다. 아마도 여기가 모든 교육의 출발점일 것이다. 교육적 중단은 자신들이 바라는 것이 마땅히 바랄 만한 것인가라는 질문으로 학생들을 '전환'시키는 것이다. 교육자의 과업은 대부분 학생들이 자신의 욕구와 만날 수 있고 그것을 검토하고 선택하고 변형할 수 있도록 시간, 장소, 형식을 창조하는 것과 관련이 있다. 바라는 것과 바람직한 것 간의 질문은 교사에 의해 강력한 중단 혹은 개입으로 소개되지만, 궁극적 목표는 이 질문이 학생의 삶에 살아 있는 질문이 되도록 하는 것이다. 여기서 핵심은 우리 삶에서 무엇이 권위를 가져야 하는가라는 질문이다. 여기서 권위의 질문은 정확히 어떤 타인, 어떤 타자와 함께 대화에 참여할 것인가에 관한 것이다. 그것은 무엇인가가 혹은 누구인가가 우리 삶에서 권위를 가지도록 용인하는 것이다. 그것은 타자와 타인에게 권한을 부여하는 것이며, 그것들이 스스로 말하게 하는 것, 즉 저자가 되게 하는 것이다.

　학생의 주체됨을 지향하는 가르침을 행하는 교사로서 우리가 바라는 것은, 학생들이 훗날 어느 지점에서 우리를 향해 돌아서서 처음에는 원치 않는 중단이자 권력의 행사로 보였던 것이 실제로 세계 속에 세계와 더불어 성숙한 방식으로 존재하게 되는 것, 즉 성숙한 주체됨에 기여했다는 것을 인정하는 것이다. 오직 그러한 전환이 일어날 때, 비로소 우리는 단선적이고 일방향적인 권력이 대화적이고 관계적인 권위로 바뀌었다고 말할 수 있다(Bingham 2008). 그러나 우리는 그런 '전향return'이 일어날지 결코 알 수 없고 그러한 '전향'이 **언제** 일어나는지도 알지 못한다. 어쩌면 학생이 우리 시야와 직업에서 사라진 지 한참 후가 될 수도 있다. 이것은 학생의 주체됨을 지향하는 어떠한 가르침도 결과가 예측불가능하다는 점에서 위험을 수반할 수밖에 없다는 것을 의미한다. 그러나 또한 교사도 자신이 행사하는 권력이, 승인되고 인정된 권력인 권위로 '돌아올지' 종종 알지 못한 채 그것을 행사하기 때문에 겪을 수밖에 없는 위험이 있다. 그러나 이러한 위험을 감수하는 것을 피해서는 안 된다. 왜냐하면 그 위험이 없어지면 교육 역시 일어나지 않기 때문이다. 만약 가르침이 학생의 주체됨과, 이 세계에 더 성숙한 방식으로 존재하고 싶은 욕구를 불러일으키는 것을 목표로 한다면, 오히려 가르침과 교육의 위험한 본질이 무엇인지 더 일반적으로 이해할 필요가 있을 것이다.

결론

이 장에서 교육적 작업이 무엇을 목표로 하고 무엇에 관심을 두어야 하는지를 제안함으로써 교육의 과업에 관한 질문에 답하고자 하였다. 그것은 바로 다른 인간 존재 안에 성숙한 방식으로 존재하고 싶은 열망을 불러일으키는 것이다. 이제는 이 질문을 교육적 책임과 교육자의 책임에 관한 것으로 말할 수도 있을 것이다. 나는 세계파괴와 자기파괴 사이, 어려운 중간 지대에서 존재하는 것의 중요성을 강조하였는데 이를 통해 존재에 강조점을 둘 때 무엇이 뒤따르는지를 명료하게 하고자 했다. 나는 성숙이라는 개념을 발달 용어가 아닌 존재론적 용어로 보고 그것에 새로운 의미를 부여하고자 했다. 또한 가르침이 학생의 주체됨을 목표로 할 때 교사가 맡게 되는 특정한 과업이 무엇인지를 중단, 유예, 지속의 역할을 부각함으로써 보여주려고 했다. 이를 통해 가르침을 해방과 자유의 질문과 다시 연결 짓고, 학생의 성숙한 주체됨이라는 교육적 관심과 다시 연결 짓는 작업을 시작했다. 다음 장에서는 교육에서 학습에 관한 질문, 더 상세하게는 교수와 학습의 관계에 관한 질문이 의미하는 바를 탐색하고자 한다.

$$2$$

학습에서 가르침 해방하기

Freeing Teaching From Learning

만약 가르침의 재발견이라는 과업이 적어도 부분적으로는 학습의 언어와 논리가 교육에 미친 영향에 대한 응답으로 이루어진 것이라면, 핵심 질문은 가르침과 학습의 관계를 어떻게 이해할 것인가로 요약된다. 이것이 이 장에서 탐색하고자 하는 질문이다. 내 주장은, 가르침이 무엇이고 무엇이어야 하는지 혹은 목표는 무엇이어야 하는지에 있어서 학습이 반드시 필요한 것은 아니라는 것이다. 따라서 내가 제시하고자 하는 **학습에서 가르침 해방하기**는 학생들을 위한 새롭고도 다른 실존적 가능성을 열어줄 수 있다. 특히 이것은 세계 속에 세계와 더불어 성숙한 방식으로 존재하는 것이 무엇을 의미하는지를 만날 수 있는 기회가 된다. 하지만 이 기회는 가르침을 학습에 너무 가깝게 묶는 순간, 배제될 수도 있는 그런 기회이기도 하다.

그러나 가르침과 배움 사이를 구분하는 것은 쉽지 않다. 왜냐하면 적어도 영어권에서 '가르침과 학습teaching and learning'이라는 용어는 매우 흔해서 종종 **교수-학습**teachingandlearning처럼 한 단어같이 느껴지기도 하고, 또 이 용어처럼 가르침과 학습이 매우 긴밀하고 필수적인 연결처럼 느껴지기도 하기 때문이다. 그러나 실제로 가르침과 학습의 관계는 무엇인가? 가르침은 반드시 학습으로 이어지는가? 가르침의 유일한 목표는 학습을 촉진하거나 초래하는 것인가? 가르침이 학습의 원인이라고 간주할 수 있는가? 가르침과 학습의 관계는 인과관계로 이해되어야 하는가? 혹은 이것이 개념들 간 의미상의 관계로 인해 '학습'이라는 단어를 가정하지 않고 '가르침'이라는 단어를 사용하는 것은 무의미한가? '가르침'과 '학습'의 연결은 필연적인가? 학습의 범주 바깥에서 가르침을 생각하는 것은 가능한가? 가르침이 명시적으로 학생들을 학습으로부터 떼어놓는다면 그 가르침은 의미가 있을까? 그렇다면 어떤 이유로 그렇게 하는 것이 좋을까?

나는 가르침과 학습의 관계를 명료하게 하기 위해서 뿐만 아니라, 가르침과 학습의 당연시된 연결의 한계와 제약을 탐색하기 위해 위 질문을 다루고자 한다. 이것은 이론적 이유에서 중요한데, 가르침과 학습의 관계에 관한 질문은 교육적 실천의 핵심과 직결되는 것처럼 보이기 때문이다. 또한 정치적 이유로도 중요한데, 교사들이 책임질 수 있는 것과 그렇지 않은 것에 관해 더 잘 이해할 수 있도록 해주기 때문이다. 이것이 특히 시급한 이유는 오늘날 정치가들이나 정책입안자들이 별로 도움이 안되는 언어로 '학습 결과'의 '산출'이라고 언급하면서 종종 교사들에게 너무 과한 기대를 하기 때문이다.

나는 가르침과 학습의 관계에 관한 저작들 중에 특히 교육철학과 이론에 기여한 내용을 위주로 개관함으로써 이 장을 시작하려고 한다. 이 단계의 주된 목표는 가르침과 학습이 필연적이고 밀접하게 연결되어 있다는 주장에 대해 몇 가지 의문을 제기하는 것이다. 그 다음으로 최근 교육 연구와 정책, 실천에서 학습의 언어가 부상한 것과 관련하여 몇 가지 문제점들을 지적하려고 한다. 특히 교육담론의 '학습화learnification'(Biesta 2009a)가 교육의 수많은 핵심적인 질문들, 특히 가르침과 교육의 목적에 관한 질문들을 어떻게 광범위하게 주변화시켜왔는지에 초점을 두려고 한다. 이러한 배경적 사조에 비추어 나는 학습자라는 개념을 자세히 살펴보고자 한다. 특히 학습에 대한 우리의 공통적 이해에서 실제로 학습자로 존재한다는 것이 무엇을 의미하는지를 질문하고자 한다. 여기서 특히 학습을 의미형성sense-making 혹은 파악comprehension의 행위로 이해해야 한다는 생각에 주목한다. 이를 따라가며 나는 인식론적, 존재론적 질문을 제기한다. 인식론적 질문은 앎과 의미형성을 구성의 과정(말 그대로 의미 **만들기**)으로 보는 것과 수용의 과정으로 보는 것 간의 차이와 관련이 있다. 실존적 질문은 세계에 존재하는 것이 구성자로서인가 수용자로서인가 혹은 타인과 타자에 의해 언명되고 말걸어지는 존재로서인가 하는 차이와 관련이 있다. 이 배경에 비추어 마지막으로는, 내가 가르친 강좌에서 학생들에게 의미형성과 이해하기의 중단, 즉 학습의 중단을 요청했던 구체적인 사례를 제시한다.

가르침과 학습의 연결:
가르침, 학생화studenting, 제자화pupilling

이 논의를 시작하는 데 유용한 출발점은 가르침이 학습의 초래를 의도해야 하는가를 묻는 것이다. 첫눈에 보기에도 많은 사람들이 이 질문에 "당연히 그렇다"고 대답하는 한편, 왜 가르침과 학습을 다소 분리시키는 것이 더 이치에 맞는지를 설명하는 몇 가지 이유가 있다. 그렇게 해야 하는 분명한 이유 중 하나는, 가르침을 학습의 **원인**으로 이해할 수 있다는 잘못된 생각으로부터 벗어나기 위해서이다. 이 잘못된 생각은 개입 intervention 으로서의 가르침이라는 개념과 결과로서의 학습, 교육의 복잡성에 대한 기계적 이해와도 관련된다. 이 생각이 문제가 되는 것은 학생의 성취 여부를 전적으로 교사의 책임으로 돌리기 때문이다. 여기에서 학생은 교육과정에서 자신의 책임을 수행하는 사고와 행동의 주체로서 보다는, 단지 의지를 가진 개입의 대상으로 간주된다. 그렇다면 가르침과 학습 간의 관계는 무엇인가? 교사가 의도해야 하는 것이 학습이 아니라면 무엇인가?

첫 번째 질문과 관련하여 어떤 학자들은 가르침과 학습의 관계는 인과관계로 연결된 **사건**들 간의 관계가 아니라고 주장해왔다. 그들은 오히려 그 관계는 **개념**들 간의 관계로서, 이 경우 학습의 의미는 가르침이라는 용어의 적절한 사용에 포함되어 있거나, 혹은 가르침의 의미는 '학습'이라는 용어의 적절한 사용에 포함되어 있다고 주장한다. 가르침이 학습에 개념적으로 포함되어 있다는 후자의 주장은 쉽게 반박될 수 있는데, 가르침 없이도 학습할 수 있다는 것이 명백하기 때문이다. 이는 실제로 가르침을 필요로 하는 학습이 있을 수 있다는 것을 배제하지는 않는다. 학습이 가르침에 개념적으로 포함되어 있다는 첫 번째 주장을 반박하는 것은 조금 더 어렵다. 일부 저자들은 '가르침'이 반드시 '학습'의 개념을 포함한다고 주장해왔기 때문이다. 예를 들어, 존 듀이John Dewey는 다음과 같이 표현했다.

아마도 가르침은 상품을 파는 것에 비할 수 있다. 누군가 사지 않으면 아무도 팔 수 없다. 아무도 물건을 산 사람이 없는데 물건을 많이 팔았다는 상인이 있다면 우리는 비웃을 것이다. 하지만 아마도 사람들이 무엇을 배웠는지와 상관없이 그날의 가르침이 좋았다고 생각하는 교사들이 있다. 물건을 사고파는 것처럼 가르침과 학습 간에도 똑같은 등식이 성립한다(Dewey 1933, p. 35-36).

매우 일반적인 수준에서 듀이의 주장은 일리가 있지만, 그럼에도 불구하고 주의할 필요가 있다. 이는 비단 **개념들** 간의 관계에 관한 진술이 **사건들** 간의 관계에 관한 주장으로 읽히지 않도록 하기 위함만은 아니다. 위 인용문에서 듀이 자신은 이렇게 하는 데 상당히 근접했다. 또한 개념적 수준에서 '가르침'이라는 용어는 가르침이 학습을 초래해야 할 필요 없이도 정확하게 사용될 수 있는데, 이는 '가르침'이라는 단어의 모호성과도 관련이 있다.

코미사르(Paul Komisar 1968)는 **직업**occupation으로서의 가르침, 일반 **사업**enterprise으로서의 가르침, **행위**act로서의 가르침이라는 매우 유용한 구분을 제시했다. 직업, 사업, 행위는 가르치고 있다고 말할 때 실제로 그 사람이 무엇을 하고 있는지의 질문에 세 가지 상이한 대답을 제시한다. 그렇게 말하는 것은 제일 먼저 그 사람이 직업적 교사이거나 가르치는 활동에 참여하고 있거나 둘 중 하나이기 때문일 것이다. 후자와 관련하여 더 세밀하게 코미사르는 가르침이라는 일반적인 '사업'과 가르침의 특정한 '행위'를 구분하였다. 학생들을 한 시간 동안 가르치는 교사는 가르치는 일에 참여할 수 있지만 그가 하는 모든 일이 다 가르침인 것은 아니다(예: 자료를 나눠주기, 학생들 줄 세우기, 영상 보여주기 등). 코미사르는 약간 더 흥미로운 사례로, 한 교사가 그날 다루는 주제에 관해 자신의 편견을 표현하고 있었지만 이내 중단하고, '마침내 다시 가르치는' 상황을 제시한다(Komisar 1968, p. 174). 이것은 어떤 특정 행위를 가르침의 예로 규정하는 것이 사실상의 문제라기보다 가르침과 교화의 예시에서처럼, 실제로 그 행위의 목적과 의도에 관한 **판단**을 함의하고 있다는 것을 의미한다. 목적에 대한 질문은 다음에서 다시 다룰 것이다.

이 논의에 적절한 두 번째 구분은 **과업**task으로서의 가르침과 **성취**achievement로서의 가르침이다. (그 예시로는 MacMillan & Nelson 1968 참조) 이 구분은 라일Gilbert Ryle의 작업으로 거슬러 올라간다. 그는 더 일반적인 의미로 달리다, 찾다, 도착하다와 같은 **과업동사**task verb와 이기다, 발견하다, 포착하다와 같은 **성취/성공동사**achievement or success verb를 구분한다. 이 구분을 통하여 우리는 '가르침'이라는 단어를 꼭 성공으로 이어진다는 함의, 혹은 성취가 뒤따른다는 함의를 품지 않는 과업으로 지칭할 수 있다. "나는 그에게 수년간 라틴어를 가르쳤지만, 그는 아무것도 배우지 못했다"라고 말하는 것(Peters 1967, p. 2)은 과업의 의미로 '가르침'이라는 단어를 사용하는 정확한 용례이다. 반면에 성취의 의미로 옮겨간다면 아마 이렇게 말할 수 있을 것이다. "나는 그에게 수년간 라틴어를 가르치려고 **노력했지만**, 그는 아무것도 배우지 못했다." 이와 같은 고려 때문에 세플러Israel Scheffler나 스미스Othanel Smith와 같은 여러 학자들은 가르침이 개념상 학습을 함의하지 **않는다**는 더 강한 주장을 하게 되었고, 이 생각은 학계에서 '표준 주장'으로 알려져 있다(Noddings 2012, p. 49; Komisar 1968 참조). 그렇다면 가르침이 의도하는 것이 학습이 아니라면 무엇인가?

이 질문에 답하기 위해 이번에는 '학습'이라는 단어와 관련된 일련의 모호함을 살펴볼 필요가 있다. 영어권에서 '학습'은 **과정**과 **과정의 결과** 둘 다를 지칭하는 데 사용된다. '학습'이 다른 언어권에서는 어떻게 작동하는지를 탐색하는 것도 흥미로울 것이다. '학습'이라는 용어를 두 번째 의미로 사용하는 것은, 즉 이전 문단에서 소개되었던 용어인 성취로서 사용하는 것은, 결과물의 관점에서 생각하지 않는 한 그다지 논쟁적이지 않고 더 나은 용어일 것이다. 학습의 정의가 복잡하다는 것을 다루는 문헌들이 상당한 정도로 많지만(이것의 개관과 논의를 위한 예로는 Hodkinson, Biesta& James 2008 참조), 많은 저자들은 학습의 기본 정의가 성장의 결과가 아닌 다소간의 지속적 변화라는 데 동의한다. 이 정의에서는 학습의 한 측면에서의 **어떤** 변화가 아니라 일종의 영속성을 지닌 변화라는 사실을 강조한다. 이것은 개인과 환경 간의 상호작용의 결과로서의 변화와,

생물학적 혹은 유전학적으로 '프로그램된' 과정의 결과로서의 변화로 구분된다. 사람들이 배웠다고 말할 때 실제로 변한 것이 무엇인지는 더 정교화되어야 할 질문이다. 예를 들어 지식에서, 능력에서, 혹은 이해에서, 행동에서, 정서에서 등등의 변화일 수 있다.

많은 저자들은 그렇게 이해된 학습을 실제로 초래하는 것은 학생들이 **하는** 일이라는 데 동의할 것이다(비록 이 가정과 관련된 더 추가적인 쟁점이 있지만, 앞으로 다시 다룰 것이다). 그렇다면 우리는 학생들이 **하는** 일을 지칭하기 위해 '학습'이라는 용어를 사용해야 하는가? 이는 학습을 과업–용어로 사용하는 셈으로서, 사실상 그 단어 사용에 훨씬 더 도움이 안 된다. 내가 보기에 학습의 논의에서 상당 부분의 혼란은 학습을 활동과 활동의 결과 둘 다를 지칭하는 데서 야기된다. 활동을 지칭하는 것으로 '학습'이라는 용어를 사용할 때 생기는 문제가 무엇인지는 교사가 학생들에게 다음과 같이 말하는 상황에서 볼 수 있다. "다음 30분 간 여러분 모두 배우기를 원한다"고 말할 때, 학생들은 십중팔구 "그런데 저희가 뭘 **하기를** 원하세요?"라고 물을 것이다. 이 때문에 펜스터마허Gary Fenstermacher는 가르침이 학습을 초래한다고 말하는 한 가지 방식으로 교사가 학생들에게 어떤 내용을 전달하거나 전수한다는 생각은 사실상 오류라고 주장한다. 오히려 교사는 "학생들에게 교사, 교과서 또는 다른 자원으로부터 내용을 습득하는 방법을 지도한다"(Fenstermacher 1986, p. 39).

따라서 펜스터마허는 교사들이 목표로 삼아야 할 것, 그리고 가르침이 의도해야 할 것은 '학생화studenting'라고 제안했는데, 이는 스미스Othanel Smith가 '제자화pupilling'라고 한 것과 유사하다(Fenstermacher 1986 참조). 학생화라는 개념 덕분에 펜스터마허는 가르침이라는 행위가 무엇에 관한 것인지 보다 정확하게 말할 수 있게 되었다.

학습자에게 학생의 역할에 대한 절차와 요구사항 가르치기, 학습할 자료 선택하기, 학습자의 수준에 적합한 자료 만들기, 학습자가 내용에 접근할 수 있는 최적의 기회 구성하기 …… 학생의 진행 상황을 모니터링하고 평가하기, 학습자에게 지식과 기술의 주요 원천 중 하나로서 서비스 제공하기 (Fenstermacher 1986, pp. 39-40).

이와 같이 학생화와 학습을 구분함으로써 펜스터마허는 교사가 의도하는 바를 훨씬 더 정확하게 말할 수 있는 개념들을 소개한다. 뿐만 아니라 그는 교육적 관계에서 누가 어떤 과정에 책임이 있는지, 따라서 누가 무엇에 대해 책임을 질 수 있는지를 훨씬 더 명확하게 식별하게 해준다. 그는 다음과 같이 설명한다.

이 새로운 계획 하에서 교사는 학습자가 내용을 획득하는 것(성취 의미의 '학습')을 입증할 책임을 지는 것이 아니라, 학생이 되는 데 적합한 활동들(과업 의미의 '학습')에 책임을 진다. 따라서 수업에서 다루는 내용에 관한 합리적으로 타당하고 신뢰할만한 테스트에 실패한 학습자는 이 실패에 대한 책임이 자신에게 있다는 것을 받아들여야 한다. 학생이 이 테스트를 잘 수행하는 데 필요한 학생화의 기술이 부족하고, 이 기술을 연습할 기회가 주어지지 않고, 학습자료에 참여하도록 권장할 방법의 도움을 받지 못하는 경우, 교사는 학생의 실패에 대한 주된 책임을 받아들여야 한다 (Fenstermacher 1986, p. 40).

비록 펜스터마허가 학생화라는 행위의 결과를 여전히 학습으로 기술하고 있기는 하지만(이것은 왜 그가 학생화를 행하는 사람을 '학생' 보다는 '학습자'로 부르는지를 설명해준다), '학생화'의 개념은 가르침과 학습 간에 약간의 틈을 생성하는 데 도움이 된다(이 구분에 관하여 Biesta 2010c 참조). 코미사르는 한걸음 더 나아가 "학습은 '교사'가 산출하려고 의도하는 것이 아니다"(Komisar 1968, p. 183)라고 명시적으로 진술할 뿐만 아니라, 가르침의 의도는 "**[가르침이라는] 행위의 요점을 성공적으로 자각하고 있는**"(Komisar 1968, p. 191) '청중'(코미사르에게는 학습자나 학생이 아니라 청중이다)의 '인식'의 관점에서 더 잘 포착될 수 있다고 제안했다.

지금까지 내가 구축하고자 했던 바는 가르침을 학습의 원인으로 간주해서는 안 되며, 또한 가르침의 목표가 반드시 학습을 초래하는 데 있다고 생각해서도 안 된다는 것이다. 나는 또한 '가르침'과 '학습' 사이에 필연적으로 **개념적** 관련이 있는 것도 아니라는 것을 설명하였다. 펜스터마허에 기대어 우리는 아마도 과업과 성취로서의 학습은 '학습자의' 것이며, 교사가 초래하려고 노력해야 할 것은 학습 자체가 아니라 학생화의 활동이라고 말할 수 있을 것이다. 이 구도에서 학습은 기껏해야 **학생화**라는 활동의 '효과'이지, 가르침이라는 활동의 효과는 아니다. 이 통찰은 교사에게 책임이나 책무를 물을 수 있는 것과 그렇지 않은 것을 더 정확하게 하는 데 유용하다.

가르침과 학습 간의 어느 정도 거리 두기가 되었다면, 다음 질문은 교육에서 실제로 얼마나 많은 학습을 필요로 하고 또 원해야 하는가 하는 것이다. 이것은 나의 두 번째 주장으로 연결된다.

학습의 문제: 교육의 '학습화'[1]

비록 펜스터마허 같은 저자들이 가르침의 목표가 학습을 가져오는 데 있다는 생각에 반대하는 논변을 강하게 펼치고 있지만, 그럼에도 불구하고 그는 궁극적으로 학생들의 학생화는 학습으로 귀결되어야 한다는 점에서 여전히 학습을 그 과정의 마지막 단계로 본다. 이 주장과 관련하여 보다 일반적인 교수-학습의 관계에서 학습의 역할과 지위에 대해 더 심층적인 문제들을 강조할 필요가 있다. 첫 번째 사안은 내가 다른 곳에서 교육적 담론과 실천에서의 '학습화 learnification'라고 불렸던 현상과 관련된다(특히 Biesta 2009a, 2010a 참조). '학습화'는 교육에 관해 무언가 말하고자 할 때 전부는 아니더라도 많은 부분을 학습의 언어의 관점에서 표현하려는 비교적 최근의 경향을 말

---

[1] 여기에서 다루는 생각을 나의 다른 저술을 통해 이미 접했던 독자들에게 사과하고 싶다. 그러나 이 단계는 이 책 전체 주장에서 매우 중요하다.

한다. 우리는 학생, 제자, 아동, 성인을 '학습자'로, 학교를 '학습환경' 혹은 '학습을 위한 장소'로, 교사를 '학습의 촉진자'로 부르는 데서 이러한 경향성을 볼 수 있다. '성인 교육' 분야를 '평생학습'으로 재지정한 것은 '교수–학습' 문구의 편재성과 마찬가지로 '학습이라는 새 언어'가 부상하고 있다는 더 심층적인 예시이다(Biesta 2009a).

여기서 내가 말하고자 하는 요점은 학습의 언어는 교육적 언어로 **불충분**하다는 것이다. 이것은 교육의 핵심이 학생들의 학습이라거나, 펜스터마허의 표현으로 학생의 학생화는 학습으로 귀결되어야 한다고 말한 것은, 단적으로 말해서 매우 부정확하다는 것을 의미한다. 여기서의 쟁점을 아주 간단한 정식으로 표현하면, 가르침의 핵심, 보다 일반적으로 교육의 핵심은 결코 학생들이 '단순히' 배우는 것에 있지 않고, 언제나 **무엇인가를** 배운다는 것, 특정 **이유로** 배운다는 것, 그리고 **누군가로부터** 배운다는 것에 있다. 학습의 언어가 지니는 문제는 그것이 내용과 목적과 관련하여 '열린' 혹은 '텅빈' 과정을 가리킨다는 것이다. 따라서 아이들은 학습해야 한다거나 교사는 학습을 촉진해야 한다거나, 우리 모두가 평생 학습자가 되어야 한다고 말하는 것은, 뭔가를 말하는 것 같지만 실제로는 말하는 바가 거의 없다.

학습의 언어와 달리, 교육의 언어는 언제나 **내용**, **목적**, 그리고 **관계**의 질문에 주의를 기울일 필요가 있다. 교육에서 학습 언어의 부상에 따르는 위험은 이 질문들을 더이상 묻지 않거나, 이미 답이 정해져 있다는 것이다. 예를 들어 이 제안들에 따르면, 유일하게 타당한 내용은 학업 내용이며, 유일하게 타당한 목적은 학업 성취이며, 유일하게 타당한 관계는 자신을 위해, 학교를 위해, 나라를 위해 최고의 시험점수를 받도록 교사가 학생을 훈련하는 것이다.

내용, 목적, 관계라는 세 차원 중에서 목적에 관한 질문이 가장 중요하고 근본적인 질문이라고 생각한다. 왜냐하면 우리가 교육적 활동과 노력을 통해 달성하고자 하는 것이 무엇인지 파악할 수 있어야만 학생들이 참여해야 할 적합한 내용을 결정할 수 있으며, 교육적 관계를 가장 생산적이고 의미 있게 활용할 수 있는 방법을 결정할 수 있기 때문이다. 그러나 내가 다른 데서 제안했듯이(Biesta 2010a), 다른 많은 인간 실천과 교육을 구분 짓는 것이 있는데, 교육은 오직 한 가지 목적과 관련해서 작동하는 것이 아니라, 실제로는 많은 '목적의 영역들'과 관련해서 작동한다는 것이다.

논의는 비교적 간단한데, 다음과 같은 관찰에서 시작되었다. 교육의 모든 사례에서, 즉 국가 교육과정이나 학교시스템의 '거시적' 수준이든 학생들과 작업하는 교사들의 '미시적' 수준이든, 교육은 언제나 지식, 기술, 성향과 같은 어떤 내용을 제시하고 습득하는 것에 관한 것이다. 뿐만 아니라 교육은 언제나 학생들에게 특정 전통과 행동과 존재 방식을 소개하며, 게다가 한 사람의 개인적 형성에 영향을 미친다. 그들에게 권한을 부여하는 지식, 기술, 네트워크 연결을 제공해주는 적극적 방식이든지, "네 자신의 위치를 알라"는 말을 해줄 때처럼 소극적 방식이든지 말이다. 더 이론적인 표현으로는, 교육은 항상 **자격화**qualification, **사회화**socialisation, **주체화**subjectification라고 부르는 세 가지 영역과 관련하여 기능한다. 세 번째 기능인 주체화는 학생들이 단지 타인의 욕망과 지시의 대상으로만 남아 있지 않고, 자신의 권리를 지닌 주체가 될 수 있는 방식에 대한 것이다.

모든 교육이 항상 이 세 가지 영역과 관련하여 **기능한다**는 것이 사실이라면, 교육을 기획하고 실행하는 데 참여하는 교사와 다른 이들에게 각 영역에서 그들이 하는 일의 잠재적 영향력에 대한 명시적인 책임을 지도록 요청하는 것이 합당하다. 이것은 자격화, 사회화, 주체화가 **교육의 세 가지 기능**으로 보일 뿐만 아니라 **교육 목적의 세 가지 영역**으로도 보인다는 것을 의미한다. 이 세 영역은 우리가 학생들과 함께 성취하려는 것이 무엇인지, 그리고 학생들이 성취하기를 바라는 것이 무엇인지 진술하고 정당화할 필요가 있는 것의 관점에서 질적으로 서로 다른 영역이다.

중요한 것은 자격화, 사회화, 주체화는 구분될 수 있지만 분리되는 것은 아니라는 것이다. 이것은 한편으로는 자격화에만 강조점을 둘 것을 주장하는 학교조차도 여전히 사회화와 주체화의 영역에 영향을 미치고 있다는 것을 의미한다. 다른 한편으로는, 교육에 참여하는 사람들과 교사들이 한 영역에서 성취할 수 있는 것이라도 종종 다른 영역에서는 그것을 제한하거나 방해할 수 있다는 것을 염두에 두고, 항상 세 영역 간의 **유의미한 균형**을 발견하는 상황이 생긴다는 것을 의미한다. 예를 들어, 자격화의 영역에서 성취를 과하게 강조하는 것이 다른 두 영역에 끼치는 문제적 영향을 생각해보라.

이것은 첫째, 학생들은 학습해야만 한다는 주장, 둘째, 가르침은 직접적으로든 혹은 학생화/제자화를 통해서든 학습을 초래해야 한다는 주장을 교육의 핵심으로 제안하는 것이 왜 아무런 도움이 되지 않는지를 보여준다. 무엇을 학습해야 하는가, 더 중요하게는 무엇을 **위해** 학습해야 하는가라는 목적에 관한 질문이 없다면, 학습의 언어는 방향성을 줄 수 없다. 이것이 바로 학습의 언어가 **교육적** 언어로서 지니는 결함이다.

학습자 되기: 정치와 정체성

앞부분에서 학습의 **언어**와 관련된 문제들을 지적하였다면, 학습자의 **존재**와 관련된 몇 가지 쟁점들, 즉 학습자가 된다는 것 혹은 **학습자로서** 존재한다는 것의 의미에 관한 질문도 논의하고자 한다. 이 질문들은 부분적으로는 학습의 정치학과 관련되고(이것은 Biesta 2013b 참조), 학습자의 정체성과도 일부분 관련된다. 먼저 학습의 정치학부터 시작해보자.

학습의 언어가 인기와 유명세를 얻게 된 이유 중 하나는 학습을 점점 자연스럽고 **불가피한** 것, 다시 말해 우리가 항상 하는 것이고 **안 할 수 없는** 것으로 인식하고 있다는 사실과 관련이 있다. 예를 들어 평생학습과 관련하여 필드John Field가 주장한 바에 의하면, 학습은 "우리가 항상 호흡을 하듯이 아무 생각하지 않고도 하게 되는 불가피한 생물학적 사실이다"(Field 2000, p. 35). 학습은 자연적이고 불가피하며 피할 수 없는 것이

라는 생각에서 좀 더 나아가면, 우리는 **반드시** 학습해야 한다
는 정책가들의 말을 듣게 된다. 이 메시지는 전 세계적으로 널
리 퍼지고 있는데, 한 예로 2010년 **상하이 평생학습포럼**에 대한
UNESCO 보고서의 성명을 볼 수 있다.

> 지금 우리는 빠르게 변화하는 복잡한 사회적·정치적·경제적
> 세계에 살고 있으며, 다양한 맥락에서 요청되는 새로운 지식, 기
> 술, 태도를 빠르게 습득함으로써 적응해야 한다. 평생학습자가 되
> 지 못하는 개인은 인생의 도전에 직면할 수 없을 것이고, 학습사회
> 가 되지 못하는 사회는 지속가능하지 않을 것이다(Yang & Valdés-
> Cotera 2011, p. v).

이것은 학습이 사용되는 (심지어 납치라고 말할 수 있는) 한 가지
전략에 불과하다. 여기서 학습은 매우 특수한 이익과 관련된
사회의 한 부분에서 작동하는 아주 개별적인 정치적 아젠다를
추구한다. 이 인용문에서 학습은 유연하고 적응력이 뛰어나며
조정가능한 인력을 필요로 하는 글로벌 자본주의 경제를 위해
봉사하도록 설정된 것 같다. 이 맥락에서 학습은 각 개인이 적
응하기로 '결정'하기 이전에 **적응**하는 행위로 묘사된다. 적응

해야 할 것이 **무엇**이고 **왜** 이것에 적응해야 하는지 물어볼 수도 있는 필요성에 대해 아무런 암시도 없이 말이다. 각 개인의 '학습할 자유'(Rogers 1969)나 민주주의에 봉사하기 위한 학습의 이해(Faure 외 1972)는 사라져버린 채, 학습은 도망갈 곳이 없는 의무가 되어 버렸다. 이는 평생학습이라는 개념에서 '평생'이라는 단어의 반어적 의미를 부여한다.

이상은 '학습의 정치학'의 가변성이 명백하게 드러나는 예시들이다. 여기서는 경제, 고용, 사회적 결속과 같은 정치적 문제들이 학습의 문제로 탈바꿈하며, 각 개인은 학습을 통해 종종 자신의 비용으로 이 문제를 해결해야 하는 과업이 생긴다. 물론 학습에 관한 요구나 요청이 완전히 합법적인 상황도 있다. 우리는 사람들이 운전하기 전에 운전 연수를 받으라고 적법하게 요구할 수 있고, 의료행위를 하기 전에 적절한 교육을 받으라고 요청할 수 있다. 하지만 학습에 대한 요구가 전방위적이어서는 안 된다. 결국, 어떤 상황이든 무조건 적응하거나 조정해야만 하는 것은 아니며, 학습에 대한 요구가 부적절하거나 정당화될 수 없는 상황도 있다. 민주주의에서 누가 목소리를 낼 수 있는가와 같은 질문처럼, 실제로 학습해야 할 것이 전혀 없는 상황도 있다. 이는 시민권 시험에 통과할 수 있는 가시적 능력이 아니라 시민으로서의 합법적 지위와 관련이 있다 (Biesta 2011a).

이것은 어떻게 특정 정치 세력이 우리를 학습자로 위치시키는지, 또 그러한 위치지움을 즉각적이고 자동적으로 받아들이지 않는 것이 왜 중요한지를 나타내준다. 하지만 내가 논의하고 싶은 또 다른 논점은 '학습자'라고 하는 더 일반적인 정체성과 관련된 것으로서, **학습자로서** 존재한다는 것이 무엇을 의미하는가라는 질문과 관련된다. 이것은 복잡한 논의인데 왜냐하면 하나의 수준에서도 학습에 관한 매우 상이한 정의와 개념들이 있으며(Ileris 2008), 그것을 하나의 규정 아래 모으는 것이나 심지어 하나의 공통분모로 정의하는 것은 가능하지 않기 때문이다. 그럼에도 불구하고 나는 현대의 학습 개념에서 거론되는 한 가지 강력한 사조에 대해 살펴보려고 한다. 이 사조에서는 학습을 **파악**comprehension의 행위, 다시 말하여 '저기 바깥'에 있는 세계(자연 세계 혹은 사회적 세계)에 관한 지식과 이해를 얻는 의미형성의 행위로 본다. 여기서 강조되고 있는 태도는 해석학적 관점이라고 할 수 있다. 해석학적 관점에서 세계는 내가 이해하려고 애쓰는 어떤 것으로 나타난다.[2] 이해의 행위

---

2 이것을 해석학적 태도로 언급하는 이유에 관해서는 3장에서 보다 상세하게 논의한다.

가 진행되는 동안, 각 해석학적 순환은 기존의 이해를 추가하고 수정하여 다음 순환의 새로운 출발점을 제공한다. 그럼에도 불구하고 이러한 파악으로서의 학습은 세계 속에서, 또 세계와 관련하여 우리를 매우 특별한 방식으로 만든다.

혹자는 이해와 해석의 행위는 언제나 우리가 있는 곳에서 출발한다고, 소위 말해서 자아로부터 시작해서 세계로 나아가며, 어떤 식으로든 다시 자아로 되돌아온다고 말할지도 모르겠다. 그러므로 파악으로서의 학습은 자아를 중심에 두고 세계를 자아가 파악하는 대상으로 만든다. '파악'의 어원을 보면, 어떤 것을 전체('com')에서 포착한다('prehendere')는 개념을 발견하게 된다. 뿐만 아니라, 라틴어 'hendere'는 라틴어로 아이비ivy를 뜻하는 'hedera'와 어원이 같은데, 이는 아이비가 건물을 무너뜨릴 수 있을 정도로 무성하게 자란 건축물의 이미지를 연상시킨다.

나는 파악으로서의 학습이 세계 '안'에서 그리고 세계와의 관계에서 우리를 매우 특정한 방식으로 위치지운다는 점을 강조하기 위해 이 단어와 이미지를 사용했다. 분명히 이와 같은 방식으로 세계 속에 세계와 더불어 존재하는 방식을 위한 장소가 있을 것이다. 다만 내가 말하려는 요지는, 이것이 우리가 세계와 그 속에서 관계 맺는 우리의 위치를 상상할 수 있는 **유일한** 방식이라면, 우리의 실존적 가능성, 다시 말해 세계 속에 세계와 더불어 실존할 가능성은 심각하게 제한된다는 것이다. 파악으로서의 학습이라는 개념에서 한 가지 심각한 한계는 자아를 중심에 두고 세계를 자아의 대상으로 바꾼다는 것이다. 이는 매우 강력한 행위로 변할 수 있는데, 자연적이든 사회적이든 이 모든 세계가 그 자체로 말하는 것을 점점 더 어렵게 만든다는 것이다. 이 세계란 내가 관계의 중심이자 기원이라는 것을 '수용'하기보다는, 나에게 언명하고, 나에게 말을 건네고, 나를 중단하고, 나를 제한하며, 나의 중심에서 벗어나게 하는 그런 세계이다. 이것은 자아와 세계 간의 다소 상이한 관계를 암시한다. 우리가 자아를 위해 물어야 할 첫 번째 질문은 "내가 어떻게 이해할 수 있는가?"가 아니라 "이 세계가 나에게 요구하는 것은 무엇인가?"와 같은 것에 더 가깝다.

우리가 중심에 있고 파악을 위해서 '밖'에 있거나, 우리에게 무엇을 요구하는지 알아내기 위해 그 중심에서 벗어나야 한다는 식의 양자택일을 요구하는 것은 아니다. 그보다 내가 제시하고자 하는 바는, 학습에 관한 주된 이해가 파악을 중심으로 이루어지는 행위라면, 더 나아가 이것이 자연적이고 불가피한 존재 방식이라고 주장한다면, 그와 같은 학습 개념과 학습자 정체성은 결국 세계 속에 세계와 더불어 존재하는 우리의 실존적 가능성과 기회를 제한하는 상황으로 치닫게 된다는 것이다. 이것이 바로 학습이 좋고 바람직하며 학습자 정체성이 '존재의 양식'이자 **유일한** 존재 방식'이라고 즉각적이고 자동적으로 가정하지 않아야 할 보다 심층적인 이유일 것이다.

구성, 수용, 언명됨: 실존적 가능성들

도대체 우리의 논의가 조금이라도 가르침의 실천에 변화를 초래할 수 있을 것인가? 이 질문으로 나아가기 전에 내가 지금까지 말한 것의 배경이 되는 철학적 논의들을 간략히 언급하고자 한다. 이 논의 중 일부는 지식의 이론 혹은 인식론의 영역에 해당하는 지식의 지위 및 본질과 관련이 있고, 또 일부는 세계 속에 세계와 더불어 있는 우리의 존재를 이해하는 방식에 대한 실존적 질문과 관련이 있다. 지식의 질문과 관련하여 철학사에서는 지식이 '안'에서 유래한다는 생각(보통 합리론으로 불린다)과, 지식은 '바깥에서' 유래한다는 생각(보통 경험론으로 불린다) 간의 지속적인 논쟁이 있다. 마음은 '텅 빈 서판'(존 로크)이며 모든 지식은 바깥에서 들어온다고 믿는 극단적 경험주의자들도 있다. 또한 **모든** 지식은 기본적으로 이미 '마음속에' 있으며, 학습과 아는 것은 기본적으로 기억의 과정(예로 플라톤의 견해)이라고 믿는 극단적 합리론자들도 있다.

한편으로 이 논의에서는 우리의 감각이 명백히 오도하는 상황에 관해 언급하는 것이 있다. 고전적인 예로, 막대기가 일부분만 물속에 있으면 부러진 것 같지만 물 밖에 있거나 혹은 물속에 완전히 잠겼을 때는 그렇지 않은 상황을 들 수 있다. 다른 한편으로는, 우리가 무엇인가를 안다고 강력하게 느끼지만 실제로는 결코 지각할 수는 없는 상황도 있다. 예를 들어, 흄이 지적한 인과 관계처럼 우리가 규칙과 상관성을 알 수 있어도 그 이면에 놓인 인과적 '기제' 자체는 결코 관찰할 수 없는 경우도 있다. 보통 칸트의 작업은 개념 없는 직관은 맹목이고, 직관 없는 개념은 공허하다는 유명한 명제를 통해 경험론과 합리론을 종합한 것으로 이해된다.

칸트 이후 인식과 학습에 관한 구성주의 이론, 특히 피아제 Jean Piaget와 글라저스펠트Ernst von Glasersfeld의 작업이 어느 정도 형성되었다. 이는 현대 교육에 지대한 영향을 미쳤고 (Richardson 2003 참조), 학습 언어의 부상과 학습의 촉진으로서 가르침의 재정의에 중대하게 기여했다. 구성주의의 근본 통찰은, 인식과 학습은 인식자와 학습자가 지식과 이해를 수동적으로 수용하는 과정이라기보다는 능동적으로 구성하는 과정, 즉 그들이 의미를 **만드는 과정**이라는 것이다(개관을 위해 Roth 2011, 1장 참조). 이 직관에 대한 더 흥미로운 해석은 우리는 오직 우리 **스스로** 학습하고 의미를 만들고 이해할 뿐, 그 누구도 우리를 위해 이것을 대신할 수 없다는 주장이다. 이 직관은 그 자체로는 올바르지만, 우리가 '스스로' 하는 것은 여전히 구성의 용어나 수용의 용어 모두로 이해될 수 있기 때문에 근본적인 인식론적 문제를 해결하지는 못한다. 그럼에도 불구하고 이 아이디어들은 서로 결합하여 교육이 '학습자'와 학습 활동 중심으로 전환하도록 강력한 동기를 부여했으며, 이 동일한 '움직임' 속에서 교훈적인^{didactic} 가르침이나, 아마도 가르침이라는 아이디어 자체를 완전히 불신하도록 만들었다.

여기서는 지면 관계상 인식론적으로 더 상세하게 들어갈 수 없다. 논의의 복잡함 때문이기도 하지만 그 논의가 진행 중이기도 하고, 또 교육에서 구성주의의 '헤게모니'에 실제로 도전하는 작업들이 있기 때문이기도 하다. 이 작업들에서 모든 인식은 마음을 구성하는 의도적 활동의 결과라기보다 실제로는 근본적인 수동성과 수용성으로부터 유래한다는 것을 강조한다(이 점에 대해 Roth, 2011 참조; 더 폭넓은 논의를 보려면 Godrdon 2012; Biesta 2017 7장 참조). 이 장의 논의의 흐름상 중요한 것은, 안다는 것의 의미를 둘러싼 서로 다른 이해 방식은 세계 '속에' 존재한다는 것의 의미를 둘러싼 서로 다른 개념과 관련이 있다는 것이다. 이는 매우 상이한 존재의 양식과 관련되며, 따라서 매우 상이한 실존적 가능성을 열어준다. 그 핵심적인 차이를 간략하게나마 짚어보려고 한다.

지식을 구성의 과정으로 보는 관점에는 앞서 파악의 행위에서 언급했던 것과 유사한 인간 존재의 개념이 들어 있다. 구성은 인식자-구성자를 인식해야 할 세계의 중심에 둠으로써 자연적, 사회적 세계를 **나의** 구성과 **나의** 이해, **나의** 파악을 위한 대상에 놓는다. 실존적으로 이것은 나의 인식의 행위를 통해 세계를 지배하려는 지배 행위로 생각될 수 있다. 이러한 태도는 특히 기술발전을 통해 세계를 통제하고 지배하려는 기술적 관점에서 가시적으로 나타난다. 매우 근본적 의미에서 보면, 나의 존재는 세계의 존재 이전에 '발생한다'. 순서상 내가 먼저 있고, **그 다음** 세계를 이해하기 시작한다고 가정하는 것이다. 이것은 또한 세계는 나를 **위해서** 존재한다는 것으로서, 세계는 내가 이해 가능하고 지식을 구성할 수 있는 대상이며 어떤 의

미에서 내 손 안에 있는 것으로 가정한다는 것을 의미한다.[3]

    인식을 구성의 '행위'로서가 아니라 수용의 '사건'으로 생각하는 것은 우리가 세계와 맺는 관계를 매우 다르게 위치지운다. 어떤 의미에서 인식을 수용으로 생각하는 것은 인식을 구성으로 생각하는 것과는 정확히 반대된다고 말할 수 있다. 인식을 수용으로 생각할 때 세계는 우리가 마음대로 사용할 수 있는 대상으로서가 아니라 우리에게 오는 '그 무엇'으로 드러난다. 그렇다면 인식은 지배나 통제의 행위가 아니며, 자연적, 사회적 세계에 대한 우리의 태도도 기술적인technological 것이 아니다. 오히려 세계에 귀 기울이는 과정으로 서술하는 것이 더 나을 것이다. 즉, 세계에 관심을 보이고 세계를 보살피며 아마도 세계를 운반한다고까지 할 수 있는 과정인 것이다(1장에서 말한 'Auftrag'와 'opdracht' 참조). 여기서 가장 중요한 차이는 능동성과 수동성의 차이이다. 약간 상이한 용어로는 의도성과 수용성 간의 차이이다. 이것은 내 마음대로 할 수 있는 대상으로서의 세계, 내가 그것으로 무엇인가 할 수 있는 대상과 그 자체의 '객관성'을 지닌, 좀 더 정확하게는 그 자체의 고유성을 지닌 대상으로서의 세계 간의 차이라고 할 수 있다.

---

3 로스(Roth 2011. pp. 5-10)는 이것을 현대 구조주의의 '지성주의' 문제로 언급한다.

구성과 수용은 우리가 세계와 관계 맺을 수 있는 두 가지 다른 방식을 제시한다. 반면에, 양자의 차이는 오직 우리가 구성자로서 혹은 수용자로서 세계와 어떻게 **관계** 맺느냐일 뿐, 양자 모두 여전히 어떤 의미에서 세계 이전에 존재하는 **우리**를 가정하고 있으며, 그 위치로부터 우리는 구성 혹은 수용을 시작할 수 있다. 이것은 우리 자신과 세계를 어떻게 이해할 것인가의 관계를 고려하는, 적어도 더 심층적인 실존적 가능성이 있다는 것을 제시한다. 구성과 수용 둘 다, 구성하거나 받아들이는 자아의 존재를 가정한다면, 자아와 세계 간의 관계를 이해하는 적어도 또 다른 방식을 생각해 볼 수 있다. 즉, 어떤 의미에서 세계가 자아보다 '먼저' 존재하고, 그 자아는 이 '만남'을 통해 출현하는 방식이 있다.

이는 앞 장에서 살펴봤고 다음 장에서도 더 자세히 살펴보겠지만, 주체로서의 우리의 존재는 정확히 우리 수중에 있지 않고, 소위 말해서 우리 안에서부터 생성되지 않는다는 것에서 포착된다. 이보다는 바깥에서부터 오는 언명에 대한 응답, 타인과 타자에 의해 말 걸어지고 언명되는 경험에 대한 응답으로 출현한다는 것이다. 여기에서 **경청**listening과 **언명됨**being addressed의 차이를 숙고하는 것은 특별히 중요하다. 경청은 들기 위해 자신의 귀를 여는 것으로부터 출발하는 반면, 언명되고 말 걸어지는 경험은 '밖에서' 우리에게 오며, 어떤 의미에서는 우리에게 응답할 것을 '요청한다'('경청'과 '언명됨'의 차이에 대한 교육적 함의는 Biesta 2012a 참조).

물론 인식에 관한 다른 이해, 또 세계에 존재한다는 것의 의미에 관한 다른 이해를 더 많이 말할 수도 있다. 많은 (**실존적**) 가능성들을 지적함으로써 적어도 세계 안에 있다는 것은 다양한 방식으로 이해될 수 있으며, 그것이 반드시 학습과 학습의 논리에 매여 있을 필요는 없다는 것을 보이고자 했다. 이것은 단지 이론적 선택지인 것만이 아니라 중요한 실천적 함의를 지닌 가능성이기도 하다. 예를 들어 세계에 대한 기술(학)적 technological 태도가 많은 혜택을 낳을 뿐만 아니라 현재 우리가 직면하고 있는 많은 생태적 문제의 핵심에 놓여 있다고 생각해보라. 이와 유사하게 윤리학과 정치학처럼 타인들과의 관계와 관련된 영역에서 지배와 통제의 태도는 경청, 배려, 말 걸어짐의 태도와는 매우 상이한 관계를 발생시킨다고 말할 수 있다. 그렇다면 이것이 교육에 의미하는 것은 무엇일까?

학습 없는 가르침: '개념 입양하기'

지금까지 나는 가르침과 학습이 필연적인 관계는 아니며, 학습과 학습자라는 개념에 문제가 없지 않다는 점을 말하고자 했다. 이는 적어도 학습과 학습자가 된다는 것이 항상 좋고 바람직하다고 가정되어서는 안 된다는 것을 의미한다. 또한 파악의 행위로서의 학습이 우리를 얼마나 세계와 매우 특정한 관계 속에 놓는지, 다른 관계들도 상상할 수 있고 가능하며 아마도 바람직할 수도 있다는 것을 보이려고 했다. 이것은 적어도 학생들을 위한 다른 실존적 가능성을 열어주기 위해서 가르침을 학습으로부터 '해방'시키고 싶은 이유가 충분하다는 것을 시사한다. 문제는 이 중 어떤 것이라도 실제로 가능한가 하는 것이다. 학생들과 함께 하면서 학습을 '밖으로' 빼는 것이 가능한가? 만약 학습을 목표로 하지 않고 가르친다면 이것은 여전히 교육적으로 유의미한 것에 이를 수 있는가? 여기에서는 몇 년 전에 내가 가르쳤던 강좌에서 진짜로 학습을 '밖으로' 빼는 것을 시도했던 경험을 공유하려고 한다.

그 강좌는 교육 분야 박사과정 학생들을 위한 2주 간의 세미나였다. 강좌는 나의 저서 『교육의 아름다운 위험*The Beautiful Risk of Education*』(Biesta 2014)에서 뽑은 7개의 핵심적인 교육 개념, 즉 창의성, 소통, 가르침, 배움, 민주주의, 해방, 고도의 감식력에 대한 탐색으로 구성하였다. 강의 소개 이후 매 세션에서는 각 개념의 역사, 의미, 중요성과 적합성을 탐색하도록 하였다. 한 단계에서 나는, 학생들에게 개념과 그들 자신의 연구 과제 사이의 연관성을 탐구하도록 하여 개념에 대한 이해가 커지고 심화될 수 있게 하였고, 이 개념에 대한 몇몇 통찰을 그들의 작업에 통합하게 하였다. 이것은 박사과정 수업이 진행되는 다소 일반적인 방식으로서, 이 과정에서 논의되는 모든 내용이 학생들의 수행에 적합한 것은 아니라는 생각이 가정되어 있다. 다시 말해 학생들은 이 과정에서 학습하고자 하는 것을 선택할 수 있다.

하지만 그 시점에서 나는, 교육은 아마도 이해의 확장처럼 이미 있는 것을 성장시키고 심화시키는 것이 아니라, 근본적으로 새로운 것, 정확히는 학생들이 이미 가지고 있지 **않은** 것과의 마주침으로 이해될 수 있다는 것을 학생들에게 상기시켰다. 우리는 이것을 아무런 이유 없이 오는 어떤 것과의 만남으로 생각해볼 수 있다. 왜냐하면 정말로 그것이 새롭고 실제로 외부에서 오는 것이라면, 학생들은 아직 그들에게 오는 것과의 연결 지점을 갖고 있지 않을 수도 있으며, 그들에게 오는 것의 이유를 아직 못 볼 수도 있기 때문이다. 따라서 그들에게 오는 새로운 것은 이미 익숙하거나 학생들이 이미 알고 이해하는 것에 쉽게 통합되거나 추가될 수 있는 통찰력이라기 보다는, 짊어져야 할 부담으로 느껴질 수도 있다. 나는 학생들에게 이와 같은 것들이 교육에서도 일어날 수 있다는 것을 설명했다. 즉, 여러분들이 포착하고, 이해하고, 파악하려고 한 그것에 나아가기보다, 여러분들에게 오는 어떤 것과 마주칠 수 있다. 잠시 그것을 짊어질지 말지 여러분이 선택해야하는 부담이 될 수도 있고, 만약 짊어지기로 결정한다면 그것과의 관계는 물론, 심지어 열망까지도 반복해서 발전시켜야 할지 모른다. 누가 알겠는가?

이러한 배경에서 나는 이 강좌를 위한 추가적인 구성 원리로 '입양adoption'이라는 개념을 소개했다.[4] '입양'이라는 개념은 우리 외부에서 오는 낯선 것과 만나는 매우 생경한 경험과 가장 가깝기 때문에, 통제하거나 선택할 수는 없지만 유지하기로 결정하면 누구나 그것과의 관계를 발전시킬 수 있다고

---

[4] 말하자면 입양의 개념이 나에게 왔고, 소위 말하여 나에게 주어졌다고 하는 것이 더 정확하다. 나는 단지 강좌 개요를 입력하면서 '그럼 모든 학생들에게 그 개념 중 하나를 입양하도록 요청할 것이다'라고 썼을 뿐인데, '입양'이라는 단어가 나에게 되돌아왔고 '선택'이라는 세련된 대안보다 다른 (실존적) 가능성을 드러내기 시작했다.

느꼈다. 그래서 학생들에게 보통 이와 같은 강좌에서 요청되는 것, 즉 우리가 논의하는 개념들을 이해하고 의미를 형성해서 그들 자신의 연구 프로젝트의 '논리'에 통합하기보다는, 그 개념 중 하나를 입양할 것을 요청했다. 문자 그대로 그렇게 했다. 나는 그들에게 개념 중 하나를 그들의 삶 속으로 들이도록 권유했다. 그들에게 그 개념 중 하나와 두 주 간 함께 살도록 요청했다. 그리고 그 두 주가 끝나면 그 경험과 함께 하려고 애쓰는 동안 무슨 일이 일어났는지를 묘사한 입양 경험 보고서를 나와 학생들에게 제시하도록 했다. 나는 그들에게 그 개념에 대한 이해를 보여 달라고 요청하지 않았다. 그들에게 개념에 대한 이해를 요구하지는 않았지만 그 강좌에서 다룬 개념에 대한 그들의 다른 실존적 가능성을 열어주려고 노력했다.

나는 학생들에게 강요하지 않았다. 적어도 나는 그랬다고 생각한다. 다만 그들이 이 실험에 참여하기로 한다면, 이 입양이라는 아이디어를 출발부터 진지하게 고려해야 한다고 말했다. 입양을 진지하게 고려한다는 것은 무엇보다도 학생들이 자신이 원하는 개념을 **선택**할 수 없으며, 그보다는 그 개념들 중 하나를 입양하려는 의지를 선언하고, 무슨 일이 일어날지 지켜보아야 한다는 것을 의미한다. 결국, 아이를 입양하려고 한다면 당신이 입양하려는 그 아이에 대한 선택의 여지는 매우 적다. 실지로 아이가 도착하는 것이 (저녁에 전화가 울리고 다음날 아침 7시 문 앞에 있는 아이, 당신이 '네' 또는 '아니오' 중에 하나를 택해야 되는 식으로) 매우 갑자기 나타나기 때문만은 아니다. 모든 아이들과 마찬가지로, 그 아이가 어떤 아이가 될지 우리는 결코 알 수 없으며, 이는 당신 자신이 실제로 예측할 수 없는 무엇인가에 대하여 책임을 져야 한다는 것을 의미하기 때문이다. 그 예측할 수 없음에 대해서는 5장에서 다시 다루겠다. 따라서 첫 세션의 마지막에 나는 하나의 개념이 적힌 종이쪽지를 접어서 탁자 위에 놓고 학생들에게 그중 하나를 선택하고 그 선택한 개념을 자기 삶 속에 받아들이도록 했다.

거의 모든 학생들이 그렇게 따랐으며, 그중 이미 특정 개념을 염두에 둔 학생도 한 명 있었다. 나는 그것도 괜찮다고 말했다. 그 두 주 간의 강좌 동안 꽤 전통적인 방식으로 매일의 세션에서 각 개념의 복잡 미묘함에 대해 탐구하고 논의를 진행했다. 그 세션에서 우리는 이해와 의미형성의 질문에 대한 작업을 했는데, 이런 면에서 우리가 파악을 연습했다고 말할지도 모르겠다. 비록 당시 모든 학생들이 그들 자신의 개념을 갖고 그것과 함께 살아가는 실험을 하고 있는 중이었음에도 말이다. 나는 그 두 주 동안 학생들과 그 개념들 간에 무슨 일이 있었는지 전혀 몰랐다. 이 모든 것을 알고 싶은 마음은 전혀 없었다. 다만 학생들을 초대해서 그들이 개념들과 함께 겪었던 경험에 관해 마지막 섹션에서 많든 적든 그들이 원하는 만큼 공유했는데, 그중 몇 가지 성찰만큼은 나누고 싶다.

무엇보다 모든 학생들이 단지 학습자로서의 정체성을 포기하고 그 강좌와 강좌 내용과 관련하여 다소 상이한 존재 방식으로 전환하는 것이 쉽지 않다는 것을 알게 되어 흥미로웠다.[5] 여러 보고서에서 학생들은 의미와 중요성을 탐색함으로써 개념의 의미를 형성하는, 보다 '전통적인' 시도들을 보였다. 그러나 그 개념과 함께 존재하는 것, 즉 그 개념과 만나고, 그것과 함께 살고, 그것을 지니고 다니는 것이 무엇을 의미하는지를 드러내는 경우는 적었다. 나는 이것에 대해서 어떤 판단도 내리지 않았지만, 파악으로서의 학습의 정체성이 우리 안에 매우 깊숙이 자리 잡아서, 이 정체성으로부터 벗어난다는 것이 말만큼 쉽지 않다는 사실에 주목했다. 나는 그 강좌에서 학생들이 특정 개념을 선택하기보다 그 개념이 그들을 발견하도록 제안했다. 이로써 선택의 순간을 없애려고 의도적으로 노력했

---

5 물론 교사로서 나에게 일어났던 일에 대한 질문도 있었다.

100
가르침의 재발견

다는 사실을 이미 암시했는데, 대부분의 경우 학생들은 이에 대해 열려 있었다. 다시 말하지만, 나는 이에 대한 어떤 판단도 내리고 싶지 않다. 다만, 현대의 학습자 정체성에서 선택이 중요한 부분이 되었기 때문에 그것을 포기하기 위해서는 노력도 필요하다는 것을 강조하고 싶다.

그러나 대부분의 학생들에게 개념은 단순한 개념 이상으로 그 자체의 권리를 가진 실재가 되었다. 그들이 '자신의' 개념과 처음 만났던 것이나 그 개념과 함께 보낸 이후의 시간에 대한 설명은 모두 매혹적이었고, 어떤 경우 매우 감동적이었다. 어떤 학생들은 이전에 이미 상당 부분 '자신의' 것이 된 개념과 다시 만났다. 예를 들어 해방의 개념과 마주했던 학생은 해방의 질문이 어떻게 이미 자기 삶의 중요한 주제가 되어 있는지를 말했으며, 이 점에서 그 개념과의 만남은 그 주제의 중요성에 대한 새로운 확언으로, 조금 달리 말해서 그 주제와의 또 다른 만남이었다. 다른 학생들도 자신과 자신이 마주친 개념 간의 놀라운 관련성에 대해 말했다.

또한 이와는 정반대인 경우도 있었다. 어떤 학생은 '학습' 개념과 마주치지 않기만을 은밀하게 바랐으나 바로 그 개념이 '도착'했던 것이다. 그 학생은 내가 종이쪽지에 적었던 그 학습 개념을 실제로 어떻게 가방 깊숙이 넣어두었는지를 회상했다. 그러나 두 주 간 그 학생은 그것이 물리적 존재로서, 그녀가 짊어져야 할 부담으로서, 그녀에게 뭔가를 원하는 것처럼 보이는 어떤 것으로서 거기에 있음을 느낄 수 있었다. 또 다른 학생은 비록 시간이 지나면서 그 개념과의 관계가 변하기는 했지만, 그 개념과 마주친 순간의 적대감 비슷한 것, 그리고 그 개념과 관계를 맺는 것의 어려움에 관해 말했다. 밤새도록 개념을 아래층에 두었지만 그 존재감은 매우 강하게 느껴졌다고 한다.

어떤 학생들은 그 개념들과 거처하는 것, 즉 그 개념에 거처를 제공하는 것이 다른 학생보다 더 쉬운 이들도 있었다. 그럼에도 불구하고 그 예들은 그 개념이 '단순히' 개념이 아니라, 많은 경우에 학생들의 삶 속의 실재로서, 그들이 소중히 여기거나 미워하는 것으로서, 그들을 호출하고 언명하는 것으로서, 그들의 삶 속에 장소를 가지고 싶어 하는 것으로서 존재하게 되었다는 것을 보여주었다. 뿐만 아니라, 이 사례에서 일어난 것은 개념과의 마주침이나 그 개념을 입양하라는 요구가 학생들로 하여금 전통적인 학습자 정체성을 '넘어서도록' 했으며, 그들을 파악으로부터 벗어나 세계 속에 세계와 더불어 존재하는 매우 상이한 방식들로 안내했다는 것이다. 마지막 세션 후 비공식 모임에서 한 학생이 강좌 초반에 내가 말했던 것에 관해 질문했는데, 이제 그들에게 파악은 덜 중요해졌다는 것이 자연스럽게 입증되었다. 그 학생은 "그때 말씀하신 것을 제대로 이해 못했지만, 그것에 대해 별로 걱정하지는 않아요"라고 운을 뗀 후에, 내가 말했던 것을 다시 반복해달라고 요청했다. 내가 생각하기에 이것은 그 학생에게 또 한 번의 마주침이었을 것이다.

나는 특정 개념을 입양하는 경험은 학생들에게 중요했다고 주장하고 싶다. 단지 그들이 내가 막으려고 했던 것, 즉 특정 개념에 대한 더 깊은 이해를 얻었기 때문이 아니다. 그보다는 개념 입양의 요구가 그들에게 고착된 이해 양식과는 다른 실존적 가능성, 즉 세계 속에 세계와 더불어 존재하는 다른 방식을 열어주었기 때문이다. 개념을 입양하라는 요구는 학생들에게 세계에 대한 일정한 통제를 포기할 것을 요청한 것이다. 그것은 학생들에게 무엇이 도래할 것인지 거의 알지 못하고, 선택의 여지도 거의 없는 무언가가 그들의 삶 속에 들어오도록 요청했다. 또한 학생들이 어떤 특별한 호감을 못 느낄 경우에도, 심지어 그것을 정말 싫어하는 경우에도 그들의 삶 속에 들어온 것을 보살피라고 요청했다. 학생들에게 학습도 말고 해석도 말고 의미형성도 말라고, 즉 파악하기로부터 거리를 두라고 요청함으로써 학생들을 세계 속에 다르게 위치시켰으며, 그들로 하여금 세계 속에 세계와 더불어 있는 상이한 존재 방식을 경험하도록 했다. 이것은 그 자체로 가치로울 뿐만 아니라 파악이라는 고정된 경향성을 중단함으로써 학생들에게 학습만이 가르침이 수행되고 교육이 일어날 수 있는 유일한 방식은 아니라는 것을 보여주었다.

결론

나는 이 장에서 가르침과 학습의 관계는 필연적인 관계가 아니고, 자동적으로 늘 바람직한 관계도 아니라는 것을 주장하고자 했다. 그것에 덧붙여 나는 학생들에게 특별히 학습하지 말라고 요청했을 때 무슨 일이 일어날 수 있는지 간단한 예시를 통해 제시했다. 이 모든 것은 학습을 비하하거나 교육에서 학습의 자리가 없어져야 한다고 주장하는 것이 아니다. 다만 학습은 교육의 전부이자 궁극적 목표가 아니라 가르침이 목표로 하는 실존적 가능성 중의 하나에 불과하다는 것을 강조하기 위함이다. 학습에서 가르침을 해방하는 것, **교수-학습**이 한 단어가 아니라는 것을 보이는 것, 이는 학습이 우리가 세계 속에 존재하고 그것에 참여할 수 있는 매우 개별적이고, 어떤 의미에서 다소 제한된 방식이라는 것을 보이는 데만 중요한 것은 아니다. 학습에서 가르침을 해방하는 것, 학습을 교실 밖으로 밀어내는 것은 학생들에게 다른 실존적 가능성을 열어주기 위해서도 중요하다. 특히 그 가능성은 교육과정의 중심부에 학생과 그들의 의미형성을 놓기보다는, 의미형성 '너머'에서 이유 없이 그들에게 오는 무언가와 마주치도록 해주는 것이다. 그들에게 언명하고, 말을 건네고, 요청하고, 호출하고, 불러내고, 그리하여 그들의 성숙한 주체됨을 세계 속으로 부르는 그 무엇 말이다.

3

가르침의 재발견

The Rediscovery of Teaching

지금까지 두 단계에 걸쳐 가르침의 재발견을 위한 논지를 전개하였다. 1장에서는 교육과 교육자의 주된 과업(혹은 책임이라 부를 수 있는 것)을 다른 인간 존재로 하여금 세계 속에 성숙한 방식으로, 즉 주체로 존재하고 싶은 열망을 불러일으키는 것으로 정식화하였다. 나는 이것이 수반하는 바가 무엇인지, 왜 교육에 관한 이러한 접근이 유의미할 수 있는지, 교사들에게 요구되는 것이 무엇인지를 중단, 유예, 지속, 그리고 권력의 관계를 권위의 관계로 변형하는 것의 역할을 강조함으로써 지적한 바 있다. 나는 세계 속에 성숙한 방식으로 존재한다는 것은,

우리가 바라는 것이 마땅히 바라도 좋은 것인가, 혹은 우리가 바라는 것이 바람직한 것인가의 질문이 우리 삶에서 '살아있는 질문'이 되었다는 것을 의미한다고 주장하였다. 이것은 우리가 마주하는 모든 상황에서 짊어지고 고려해야 하는 질문이 되었다는 것을 의미한다.

2장에서는 가르침과 학습의 관계를 논의하면서, 요즘 종종 간주되는 것보다 가르침과 학습 간의 간극이 더 크다고 주장하였다. 나는 학습을 파악의 행위로 이해하는 것은 세계 속에 세계와 더불어 존재하는 것의 오직 한 가지 방식, 오직 한 가지 실존적 가능성만을 의미한다고 주장했다. 그 때문에 가르침에는 단지 학습 이상의 것이 있어야 한다고 제안하였다. 내가 학생들에게 학습을 중단하라고 부탁했던 사례를 들면서, 가르침이 학습으로부터 '해방'될 때, 세계 속에 세계와 더불어 성숙한 방식으로 존재하려는 우리의 노력에 중요성을 부여하는 실존적 가능성이 열리기 시작한다는 것을 설명하였다.

이 장에서는 앞 장에서 다룬 주요 주제의 일부를 더 상세하게 추적한다. 특히 주체로서 우리의 존재가 어느 정도로 의미형성하기, 이해하기, 파악하기의 관점에서 이해될 수 있는지의 질문에 초점을 맞추려 한다. 인간 존재를 의미형성의 유기체로 보는 것에 반대하면서, 나는 레비나스의 주장, 즉 주체로서의 우리 존재는 정확히 (우리의) 파악과 (우리의) 의미형성의 관점에서 접근되어서는 **안 되며**, 이른바 '다른 곳'에서부터, 다른 방식으로 출현한다는 주장을 따른다. 나는 이것을 가르침의 질문과 연결하여, 가르침은 학생의 자유를 제한하는 것이 아니라(4장 참조), 이를 통해서 주체로서 학생이 출현할 수 있는 바로 그 방식이라고 주장하려고 한다.

전통적 교육의 진짜 문제는 무엇인가?

지난 20여 년간 가르침에 관한 수많은 연구 출판물과 정책 문서에서 다소 공통적인 주장이 등장했다. 그중 반복해서 발견되는 것은 소위 전통적 가르침, 즉 교사는 말하고 학생은 듣고 수동적으로 정보를 수용하는 식의 교육 시연은 나쁘고 낡은 것으로 보는 관념이다. 반면에 개인적이든 대화적 과정이든 학생들의 학습을 촉진하는 것에 강조점을 두는 방식은 뭔가 더 현대적이고 좋고 바람직하고 미래적인 교육으로 간주된다. '전통적인 것'과 '현대적인 것'의 대립은 이미 진부하지만, 전통적 가르침에 대한 비판 자체가 실제로 얼마나 전통적인 것인지도 잊어서는 안 된다. 이미 듀이가 그 핵심을 지적한 바 있고, 네덜란드의 리그타르트[Jan Ligthart]도 그랬으며, 전 세계 수많은 교육가와 교육관계자들이 이미 그러한 비판을 제공했다. 이 비판들이 완전히 타당한 것은 아닌데, 가르치는 교사와 조용히 앉아 있는 학생이 있는 교실에서조차 학생의 입장에서는 실제로 많은 것이 일어나고 있기 때문이다. 물론 그들은 지루하고 소외되고 무시 받는다고 느낄 수도 있다. 그러나 도전받고 매료되고 영감받을 수도 있는 것이다. 누가 알겠는가? 설사 교육이 이런 식으로 **시연**된다고 해도, 교육이 전달과 수동적 흡수의 과정으로만 **작동**한다고 실제로 제안했던 사람이 있었는지 의문이다(Biesta 2004). 여기서 나는 "학생들은 가르침의 전수 모델에서도 마주친 활동에서 의미를 형성한다"(Richardson 2003, p. 1628)는 리차드슨[Virginia Richardson]의 관찰에 전적으로 동의한다.

전통적 가르침에 대한 비판에 비추어볼 때, 현재 가장 인기 있는 기술기반 교육 형태인 TED, MOOC(Massive Open Online Courses), 그리고 수많은 전문가들과 아마추어들이 가르치는 유튜브 동영상 등이 누군가는 말하고 설명하고, 다른 사람은 보고 듣고 배우는 '전통적인' 방식으로 시연되고 있다는 것은 몹시 역설적이다. 심지어 유치원부터 고등교육까지 현대 교실을 점령해버린 끝없이 주어지는 활동지와 개별과제, 그룹과제는 단지 교육을 바쁜 업무로 바꿈으로써 그것을 하찮게 만들기 시작한 것은 아닌지 되물을 수도 있다. 또한 소크라테스의 변론으로부터 링컨의 게티스버그 연설, 오바마의 연설에 이르기까지 전통적이고 일방적인 의사소통의 기념비적인 사례들을 잊어서는 안된다. 내가 아는 한 이 사례들에서 청중들이 발언 내용을 개인적으로 이해할 수 있는 학습 질문이나 그룹 과제로 제공된 적이 없다고 불평했다는 것을 들어 본 적이 없다. 이 점에서 나는 정말로 인간의 수용 능력을 과소평가해서는 안 된다고 믿는다.

이상의 관찰을 통해 우리는 전통적 가르침에 대해 지속적으로 제기되는 **비판**에 무언가 문제가 있다는 것을 알 수 있다. 그러나 프롤로그에서도 설명했듯이, 가르침의 회복과 재발견의 중요성을 지적하고 보다 일반적인 논변으로 확립하는 일은 어려움으로 가득 차 있다. 말한 바와 같이 이 어려움의 적지 않은 이유는 다음과 같은 사실에서 온다. 요즘 가르침과 교사를 옹호하는 가장 강력한 목소리는, 현대 사회와 교육에 명백하게 부족한 질서와 통제의 재확립을 목표로 하는 정치적으로 극단적인 보수 진영에서 나온다는 사실이다(이에 대한 다른 견해는

Meirieu 2007 참조). 이는 유일한 **진보적** 대안이 교사와 '전통적' 가르침의 종말과 학습으로의 전환, 즉 교사가 '자율적' 학습과 정의 촉진자로만 존재하는 학습으로의 전환에 있다는 것처럼 보이게 만든다.[1]

내가 맞게 본다면, 여기서 문제는 선택지에 대한 이원적 구도로서, 권위주의적 형태의 가르침에 대한 유일한 해결책은 가르침의 폐지와 더불어 학습으로의 전환이라고 생각하는 것이다. 주목할 만한 것은 제3의 선택지, 이른바 진보주의 노선에서 가르침과 교사에 대한 이해를 재구축하려는 선택지가 거의 고려되지 않았다는 사실이다. 이 제3의 선택지에서 자유는 권위의 반대도 아니고 권위로부터의 도피도 아니다. 그것은 오히려 우리 삶에 권위를 부여하는 것과 '성숙한' 관계를 수립하는 것과 관련 있다. 또한 메이리우(2007, p. 84)가 주장했듯이, 권위는 **승인되는** 과정으로 간주된다. 여기에서 우리는 권위주의적 형태의 가르침에 대항하여 다른 대응이 시작되는 것을 볼 수 있다.

이 장에서의 논의는 인간학적anthropological[2] 차원 즉, 인간

---

1 나는 여기서 '자율적'이라는 단어를 교사의 현존과 상관없이 어떤 식으로든 그 과정이 진행된다는 사고를 지칭하기 위해 사용하였다.

2 여기서는 경험적 인류학이나 '문화적' 인류학이 아닌 철학적 인간학을 지칭한다.

및 세계 속에서 인간의 위치에 대한 기본 가정에 강조점을 둔다. 다만 나는 여기서 이 논의를 시작하는 것에 다소 두려움을 느낀다. 내가 생각하기에 인간학anthropology은 인간 이해의 방식을 우리가 단순히 선택해서 그것으로부터 즐겁게 나아가기만 하면 되는 선택의 문제도 아니고, 인간 존재가 무엇인지 알기만 하면 그것에 기반하여 교육을 안전하고 확실한 경로 위에 놓을 수 있는 것과 같은 토대의 문제도 아니기 때문이다(이 문제들에 대하여 Biesta 2006; Biesta 1999 참조).

이 장에서 나의 포부는 교육적 상상이기는 하지만 그 영향은 자못 크다고 할 수 있는 인간 존재에 관한 지배적인 개념이 무엇인지를 드러내는 것이다. 그리고 인간 존재 및 세계 속에서 인간의 지위가 어떻게 다르게 접근될 수 있는지를 보임으로써 그 지배적 개념은 필요한 것도 불가피한 것도 아니라고 제안하는 것이다. 나는 여기서 '접근'이라는 단어를 의도적으로 사용한다. 그 이유는 이어서 주장하겠지만, 이것은 인간 존재를 다르게 **이해하는** 문제라기보다 오히려 실존적인 문제이기 때문이다. 이를 통해 나는 가르침에 대한 상이한 이해를 발전시킬 가능성을 열고자 한다. 뿐만 아니라 가르침이, 더 정확하게는 가르쳐지는 경험(Biesta 2013a)이, 인간 존재에 관해 중요한 것을 어떻게 드러내는지 보이고자 한다. 이를 통해 가르침과 교사의 종말은 교육적 문제나 학교에만 국한된 문제 이상으로, 실제로는 더 중요한 상황과 얽혀 있다는 것을 보이고자 한다.

내 논의의 기본 구조는 꽤 단순하지만, 그 세부 사항은 복잡하다. 먼저, 전통적 가르침에 대한 최근의 비판이 가르침을 통제로 보는 것에 있다면, 그 비판은 교육적으로 타당하다는 것에서 출발한다. 왜냐하면 전통적 가르침에서 학생들은 권리를 지닌 주체로서가 아닌, 오직 교사에 의한 개입의 대상으로만 등장하기 때문이다. 그 다음으로 학생과 학습, 특히 해석과 파악의 행위로 보는 학습을 강조함으로써 그 문제를 극복할 수 있다는 구성주의적 주장은 실패한다고 주장한다. 그 이유는 그러한 해석과 파악의 행위는 비록 세계를 '경유하여' 일어난다고 해도, 결국 자아에서 시작하여 또다시 자아로 회귀하는 자기중심적 구조를 가지기 때문이다. 이런 이유로 해석과 파악의 행위에서 자아는 여전히 주체가 아니라 환경과의 관계에서 대상으로 남아 있을 위험이 있다고 주장한다. 이를 더 철학적인 용어로 말하면, 우리의 주체됨은 의미화의 행위를 통해 구성되지 않는다는 것이다. 나는 레비나스의 작업에서 영감을 받았는데, 그는 나에게 이 장을 위한 주된 통찰을 제공한다. 나는 레비나스에 기대어 우리의 주체됨이 내가 '초월'이라는 주제로 논의하는 '밖'으로부터 온다고 주장할 것이다. 그리고 이것은 타자에 의해 '언명되는' 경험의 '사건'과 관계한다고 주장한다. 가르침의 상이한 의미가 그 자체로 드러나는 것은 바로 이 사건에서이며, 이것이 바로 내가 이 장에서 (재)발견하고자 하는 가르침의 의미이다.

자기중심적 egological 세계관의 극복

이 장에서는 내가 보기에 자기중심적 세계관의 한계를 드러내는 데 가장 크게 기여해 온 철학자 레비나스(Levinas 1994)의 두 가지 텍스트의 독해로 구성된다. 자기중심적 세계관은 자기충족적인 에고 혹은 의식으로서 자아의 존재에 대한 가정으로부터 출발해서, **그 다음에** 그 주체 밖에 있는 모든 것을 주제화하는 사고방식이라 할 수 있다. 그러나 레비나스의 사유는 단지 이러한 제스처의 반대가 아니라, 내가 '주체성의 윤리'라고 언급했던 것에 더 가깝다(Biesta 2008). 주체성의 윤리라는 개념은 두 가지 변화를 암시한다. 첫 번째는, 레비나스가 인간 주체성의 질문에 대하여 지식보다는 윤리를 통해 접근한다는 것을 나타낸다. 다시 말하여 주체에 관한 어떠한 **이론**도, 주체가 무엇**이다**라는 어떤 인지적 주장도 하지 않는다. 또한 이것은 레비나스의 글을 윤리적인 것이 무엇인지, 혹은 윤리적으로 행위하는 것이 무엇인지를 기술하거나 처방하려는 전통적 윤리철학이나 윤리이론으로 읽어서는 안된다는 것을 의미한다. 이것이 두 번째 전환이다. 레비나스의 주체성 윤리에서 핵심은 **주체**로서 존재한다는 것의 의미를 묻는 인간 주체됨^{human subject-ness}의 질문이다.

인간 주체됨의 신비를 포착하기 위해 레비나스가 사용하고 있는 언어의 흐름은 풍부하다. 이에 비하면 다소 겸손하게 그는 "윤리적 용어로 주체성을 설명한다"고 쓰고 있다(Levinas 1985, p. 95). 이 시도에서 핵심은 내가 1장에서 이미 암시한 바와 같이, 책임이 "주체성의 구조에서 필수적이고 최우선이며 근본적 구조"라는 주장이다(p. 95). 하지만 레비나스가 강조하기를, 여기서 책임은 "선행하는 실존적 기반을 보완하는 것이 아니다"(p. 95). 즉, 먼저 주체가 자기충족적이고 자기중심적인 주체로서 존재하고, **그 다음에** 책임과 마주하거나 책임 자체를 떠맡는 것이 아니다. 그보다는 레비나스가 설명하듯이, 주체적인 것은 책임으로서 이해되는 윤리학으로 매듭지어진다(p.

95). 바우만(1993, p. 13)의 매우 유용한 표현으로 말하자면, 책임은 "자아의 첫 현실"로 나타난다. 그것은 소위 자아가 자신을 발견하는 순간인 것이다. 더 정확하게 말하자면, 자아가 **중요하게** 되는 순간이기도 한데, 책임 안에서 자아는 "교환 가능하지 않기"때문이다(Levinas 1985, p. 101).[3]

레비나스의 주체성 윤리를 인간 주체에 관한 이론으로 이해해서는 안 된다는 사실은, 이미 자기중심적으로 사고하고 또 그렇게 존재하는 방식을 극복하려는 노력에 수반될 수밖에 없는 모종의 어려움을 나타낸다. 결국, 자아는 사회적 기원을 가진다는 주장처럼 주체에 관한 다른 이론이나 다른 진리를 제시한다면, 이론 수준에서는 자아를 탈중심화시키는 것이겠지만, 여전히 중심에서 그러한 이론을 만들고 있는 것이다. 그리

---

3 최근 논문에서 자오(Zhao 2015)는 인간 주체됨의 질문에 대한 레비나스의 접근을 내가 실존적으로 독해한 것을 두고 몇 가지 의문을 제기했다. 그녀는 이것을 휴머니즘의 논의 맥락에서 다루고 있다. 비에스타(2006)에서 상세하게 논의했듯이, 나는 (철학적) 휴머니즘을 인간 주체에 관한 진리를 설명하고자 하는 모든 시도, 즉 인간 존재란 무엇인지를 정의하려는 모든 시도로 본다. 그러한 정의가 인간 존재를 고정되고 자기폐쇄적인 것으로 보느냐, 혹은 열려 있고 상호 주관적이며 항상 만들어가는 것으로 보느냐는 중요한 사안이 아니다. 달리 말하면, 휴머니즘의 문제는 인간 주체에 관한 어떤 정의가 더 선호되는가에 관한 것이 **아니라**, 인간 주체의 '본질'을 정의하는 것이 가능하고 바람직하다는 바로 그 개념에 관한 것이다. 이 때문에 나는 레비나스의 윤리적 접근을 가치있다고 보는데, 그것은 인간 주체가 무엇인가를 정의하려 하지 않고 어떤 상황에서 나의 주체됨이 **중요하게 되는지**의 문제를 다룬다. 1장 참조.

하여 "내가 진리를 언설할 수 있는 중심이 있다"고 암묵적으로 말함으로써, "그런 중심은 존재하지 않는다"고 선언적으로 부정한 바로 그것을 수행적으로 주장하는 셈이다. 레비나스가 이 곤경을 어떻게 다루는지 논의하기 전에, 특히 자기중심적 전제의 역할을 보이기 위해 이 시대 교육의 지배적인 경향성으로 여겨지는 것에 관해 몇 가지 말하고 싶다.

로봇 진공청소기, 학습 환경, 해석학적 세계관에 관하여

지배적인 교육적 상상을 특징지을 수 있는 한 가지 방식은 로봇 진공청소기의 관점이다. 로봇 진공청소기가 현재의 교육과 그것에 관한 현재의 사고를 가시화해준다는 생각을 갖게 된 것은, 학습의 언어에 대한 내 비판에 질문을 제기했던 학습과학에 종사하는 학자와의 대화 때문이다. 그는 내 비판을 어느 정도는 학습의 개념 자체에 관한 비판으로 읽었다. 이에 대해 나는 2장에서 설명했듯이 그의 생각이 맞다고 본다. 그는 지능적 적응시스템 연구에 무슨 문제가 있느냐고 물었는데, 시스템 연구 **그 자체**는 아무런 문제가 없다는 것을 인정하게 되어 내심 다행이었다. 하지만 내 질문은 그러한 시스템이 교육적 관계에서 학생에 관한 적합한 이미지를 제공하는가 하는 것이었다.

지능적 적응시스템이 어떻게 보이는지 상상했을 때 내 마음에 떠오른 첫 이미지는 로봇 진공청소기였다. 아마도 내 마음에 떠오른 것은 이랬던 것 같다. 이 기계는 불어로 'aspirateurs autonome(자율 주행차)'로 알려져 있는데, 특히 'autonome(자율)'라는 단어가 나의 (교육적) 관심을 끌었던 것 같다. 로봇 진공청소기 비유를 통해 우리는 오늘날 지배적인 교육적 상상에 대해 무엇을 알게 되는가?

로봇 진공청소기에서 무엇보다 흥미로운 점은 그것이 자율적으로, 즉 스스로 방을 청소하는 업무를 수행할 수 있다는 점이다. 더욱 흥미로운 점은, 시간이 지나면서 주어진 일을 수행하는 특정 방이나 공간에 지능적으로 적응할 수 있기 때문에 그렇게 일하는 것에 더 효율적으로 된다는 점이다. 그 패턴이 처음에는 다소 무작위이거나, 더 정확하게는 프로그램화된 특정 알고리즘을 따른다면, 시간이 지나면서 그것은 작동되는 환경에 점차 적응한다. 그러므로 로봇 진공청소기는 **학습**할 수 있다고 말할 수 있고, 혹은 원한다면 그들이 지능적인 방식으로 환경에 적응할 수 있다고도 말할 수 있을 것이다. 로봇 진공청소기가 외부의 개입 없이도 이렇게 할 수 있다는 점에서 그 학습은 자율적이다. 하지만 이것이 곧 그 학습이 영향을 받을 수 없다는 것을 의미하지는 않는다. 이렇게 하는 방식, 즉 더 많이 다른 것을 학습하도록 하는 방식은 다양한 환경적 조건에 적응할 필요에서 로봇을 다양한 환경에 두는 것이다. 상이한 범주의 방이나 공간들에 적응된 로봇 진공청소기는 자신을 적응시키는 과업, 즉 그것이 처한 어떤 새로운 환경에 적응하는 데도 더 효율적으로 될 수 있다고 추측할 수 있을 것이다. 그것의 학습은 매 새로운 상황이 새로운 도전을 부과함에 따라 더 지능적인 적응을 요청하는 식으로 평생의 과업이 될 것이다. 그럼에도 불구하고 그것은 새로운 상황에 더 유능하고 더 효율적으로 적응하게 될 것이다.

나는 위의 설명이 한 가지, 아마도 유일하기조차 한 현대의 교육적 상상에 관하여 상당히 정확한 그림을 제공한다고 믿는다. 이 상상은 교육을 학습자 중심의 노력으로 보며, 여기서 학습자는 궁극적으로 자신의 이해를 구축하고 자신의 기술을 쌓는 것으로, 또 교사의 주된 과업은 그러한 과정을 초래할 수 있는 환경을 제공하는 것으로 간주된다. 이 과정에서 교사는 정말로 아무것도 전수하지 않고, 다만 학생들의 학습을 촉진하는 학습 환경을 설계한다. 유사하게 학생들은 수동적으로 수용하는 것이 아니라 능동적으로 적응하는 과정을 거치며, 이를 통하여 미래의 상황에 더 잘 적응하도록 돕는 기술과 역량을 획득하게 된다. 이는 또한 교육과정의 의미와 지위를 바꾼다. 교육과정은 더이상 전수되고 획득되는 내용으로 존재하지 않고, 학생들이 유연하고 개별화된 방식으로 자신의 고유한 학습 궤적을 추구할 수 있도록 해주는 일련의 '학습 기회'로 재정의된다.

이 현대적인 상상을 통해 수많은 맥락과 상황에서 현대의 교육 실천이 형성되고 있는 중이다. 그러나 이것의 이론적 틀은 그렇게 새로운 것이 아니라는 사실에 주목하는 것이 중요하다. 그 예를 자율신경시스템 이론에서 찾을 수 있다. 이는 환경과의 끊임없는 상호작용을 통해 자신을 재생할 수 있는 시스템으로서, 마투라나Humberto Maturana와 발레라Frnacis Varela에 의해 생물학 분야에서 발전되었다(Varela, Maturana& Uribe 1974; Maturana& Varela 1980). 더 심층적으로는 루만Niklas Luhmann에 의해 사회시스템 이론으로 발전되었는데(Luhmann 1984, 1995), 루만 작업의 핵심 통찰은 개별 인간과 같은 자가생성 시스템autopoietic system은 서로의 자가생성autopoiesis에 참여할 수 없다는 것이다. 예를 들어 서로의 적응 활동이나 인지 구성에 참여할 수 없고, 각자의 자가생성에 **간접적인** 영향을 미치도록 서로의 환경에만 '드러날' 수 있다는 것이다. 아마도 이상에서 개관한 개념이 전제된 사고방식의 가장 유명한 예시는 듀이의 작업에서 발견될 수 있을 것이다. 듀이의 행위, 소통, 학습에 대한 이해야말로 환경과 끊임없이 상호작용하는 인간 유기체의 관점에 기초하고 있다. 이 인간 유기체는, 듀이의 표현을 빌면, 능동적 행함과 수동적 겪음의 과정을 통해 끊임없이 역동적 균형을 이루려고 한다(Biesta & Burbules 2003; Biesta 2009b; 듀이의 철학적 설명은 Dewey 1925 참조). 정말로 듀이의 작업에서 "우리는 결코 직접 교육하지 않는다. 다만 환경에 의해 간접적으로만 교육을 할 뿐이다"는 주장을 확인할 수 있다(Dewey 1966[1916], p. 19).

여기에 가정된 인간학, 즉 인간 존재와 세계와의 관계에 관한 관점을 특징짓는다면, 해석학적 인간학, 더 광범위하게는 해석학적 세계관이라고 부를 수 있을지도 모른다.[4] 이러한 문구를 사용하는 이유는 여기서 인간 존재는 최우선적으로 의미 형성의 존재, 즉 해석과 파악의 행위로서 (자연적·사회적) 세계와 관계 맺는 존재로 출현한다. 그러한 행위는 자아로부터 출발해서, 세계를 '경유하여' 다시 자아로 회귀한다. 그것은 문자

---

4 해석학에 관한 언급은 이 표제 하에 진행되는 모든 입장과 관점을 다 '아우르지' 않는다. 이 장 후반부에 명시화하듯이, 이 개념의 사용은 레비나스에게서 영감을 받았다.

그대로 세계에 관한 파악comprehension의 행위인데, 2장에서 논의했듯이 세계를 전체성('com')으로 포착('pre-hendere')한다는 점에서 그러하다. 그와 같은 파악 행위, 즉 해석학적 행위에서 세계는 우리의 의미형성의 대상이자 이해와 해석의 대상으로 드러난다.

단순하고 직설적으로 말하여, 이것은 사물이 실제로 존재하는 방식이라고 단언할 수 있을지도 모른다. 다시 말해 해석학적 세계관은 **참이며**, 이 전제 위에 지식과 소통에 관한 이해뿐만 아니라 윤리, 정치, 교육에 관한 이해도 쌓아 올려야 한다고 주장할 수도 있다.[5] 그러나 여기서 잠시 멈추어서, 해석학적 세계관이 겉으로 보이는 것처럼 그렇게 불가피한 것인지 숙고해 볼 수도 있고, 이 세계관의 테두리 내에서 상상할 수 **없는** 것은 무엇인지 질문해 볼 수도 있다.

두 가지 질문을 제기하고 싶다. 하나는 해석학적 세계관에서 자연적·사회적 세계가 그 자신의 용어 안에서, 그리고 그 자신의 용어로 **말할 수 있는가** 하는 것이다. 다른 하나는 해석학적

---

5 나는 프래그머티즘, 특히 듀이와 미드의 프래그머티즘이 이 '프로그램'의 가장 발전된 예시 중 하나라고 말하고 싶다. 따라서 이 장은 교육의 이론과 실천을 포함하여, 프래그머티즘 세계관의 한계와 이 세계관에서 등장하는 모든 것에 대한 탐색으로 읽힐 수 있다. 이 '기획'에 대한 나의 비판은 특히 비에스타(2016)를 참조하기 바란다.

세계관 내에서 우리는 말 건네질 수 있는가, 즉 우리는 (타자에 의해) 언명될 수 있는가 하는 것이다. 해석학적 세계관은 이 두 선택지를 배제하는 것처럼 보인다. 이어지는 논의에서 좀더 명료화하겠지만, 그것을 해석학적 세계관의 **상이한** 두 가지 한계로 보는 것은 매우 중요해 보인다. 그 이유는 해석학적 세계관이 우주를 나의 이해와 파악 행위에 내재하는 것으로 묘사한다는 사실에 있다. 여기에서는 '저기 바깥에' 있는 세계를 언제나 나에게로 되돌려놓는 것을 목표로 한다. 해석학은 판타지나 순수 구성이 아니기에 그러한 파악의 행위는 대상을 가지며, 그 대상은 항상 **나의** 의미화 혹은 의미작용의 대상으로 나타난다는 점에서 나의 의미작용 행위에 의존적으로 남게 된다. 다음에서는 레비나스의 짧지만 난해한 두 개의 텍스트를 통해 이 논의와 관련된 두 가지 질문, 즉 내재성에 대한 질문과 의미화(signification; 혹은 의미작용)에 대한 질문을 다루고자 한다.

열림 속의 열림: 의미화와 의미에 관하여

레비나스는 「의미화와 의미Signification and Sense」라는 에세이에서(Levinas 2006)[6] 의미형성의 행위로 폭넓게 이해되는 의미화

---

6 다른 영어 번역은 "Meaning and Sense"(Levinas, 2008 참조)로 불린다. 프랑스 원전은 1964

가능성의 조건과 한계, 이 둘 다를 탐색한다. 레비나스가 풍부하게 개진하고 있는 주장의 한 흐름은 그가 "현대 의미화 철학에서의 반플라톤주의"로 지칭한 것과 관련된다(Levinas 2006, p. 18). 헤겔주의, 베르그송주의, 현상학적 의미화 철학에서 보이는 반플라톤주의는, 레비나스가 인용한 것처럼 "지성적인 것은 그것을 암시하는 생성되기becoming의 외부에서는 상상할 수 없다"는 주장에 관한 것이다(p. 18). 이 생각은 "한 사유에는 그것으로 이끄는 성찰, 즉 왜곡하든 충실하든 분별 있는 성찰을 뛰어넘어서 도달할 수 있는 **의미작용 그 자체**는 존재하지 않는다"(p. 18; 강조는 원문)는 것이다. 혹은 그 생각을 조금 더 구체적으로 말하면, "그림같이 펼쳐진 모든 사물들, 모든 상이한 문화는 더이상 우리를 본질적이고 지성적인 것으로부터 분리하는 장애물이 아니라, 대체할 수 없는, 결과적으로 지성적인 것 자체에 연루된 유일하게 가능한 경로이다"(p. 18).

따라서 레비나스는 모든 의미형성, 모든 의미작용이 문화와 역사 **내에서** 일어나고, 또 그러한 문화적·역사적 맥락이나 틀로부터 의미가 파생되는, 전체적인 **내재성**의 상황을 묘사한다. 그는 이것을 반플라톤주의로 특징짓는다. 왜냐하면 플라톤이

년 "La Signification et le Sens"라는 제목으로 출판되었다.

말하는 "의미화의 세계는 그것을 표현하는 언어와 문화보다 선행하며"(강조는 저자), 그것은 "이 세계를 사유 속에 드러내기 위해 고안된 기호체계와 상관없이" 존재하기 때문이다(Levinas 2006, p. 18). 레비나스의 주장에 따르면, 플라톤은 "역사 문화의 일시적이고 외견상 유치한 본성을 이해할 수 있는 특권 문화"가 존재한다고 믿었다(pp. 18-19). 그래서 우리는 특권 문화가 우리의 의미화**에 대하여** 의미를 부여하고 의미화를 이해할 수 있게 해준다고 말할 수 있다. 그러나 레비나스는 현대의 의미화 철학에서 이 선택지는 더이상 가능하지 않다고 주장한다. 대신 우리가 발견하는 것은 "표현에 대한 지성의 **종속**"(p. 19, 강조 추가)이다. 즉 우리가 말하거나 표현할 수 있는 모든 것은 현존하는 문화와 역사적 담론의 맥락 안에서 표현되어야 하고, 그러한 담론과 맥락으로부터 의미를 획득하게 되는 상황인 것이다.[7]

이것은 레비나스에게 의미화는 어디에서 그 의미를 얻는가

---

7 나는 레비나스의 사유를 논의하면서 그가 사용하는 언어가 그가 전달하고자 하는 것에 매우 중요하기 때문에 그 자신의 공식을 최대한 가깝게 유지하려고 노력하였다. 그가 피력하는 주요 논지는 현대 논의에서 문화적 혹은 역사적 상대주의로 알려졌다. 이것은 우리가 알 수 있는 모든 것, 혹은 적어도 우리가 아는 것에 관하여 표현할 수 있는 모든 것은 특정 문화적·역사적 틀에 상대적이라는 생각이다. 우리가 표현하고 아는 것은 이 틀 안에서, 이 틀을 통해 표현하고 또 아는 것이기 때문에 그러하다는 것이다.

라는 질문에 대한 **철학적** 문제를 제기할 뿐만 아니라(나중에 이 문제로 되돌아올 것이다), 실제로 의사소통은 어떻게 가능한가라는 질문에 대한 **실천적** 문제도 제기한다(이 문제도 나중에 다룰 것이다). 덧붙여, 이것은 긴박한 **정치적** 문제도 제기한다. 왜냐하면 레비나스도 밝히고 있듯이, "가장 최근의, 가장 대담하고 영향력 있는 인간학이 복수의 문화들을 동급으로 놓기"(Levinas 2006, p. 20) 때문이다. 레비나스에 의하면, 현대의 의미화 철학은 문화적·역사적 **상대주의**에 가깝다. 그 총체적 내재성, 현존하는 문화적·역사적 '틀들'에의 총체적 붙박힘과 의존성 때문에, 현대의 의미화 철학은 '말이 되고' '말이 되지 않는 것' 사이를 구별하고 차별화하는 의미화 행위의 '질'을 판단할 기준이 부족하다.[8] 레비나스에 따르면, 현대의 의미화 철학은 단지 "문화적 의미작용들의 복수성에 만족하며"(pp. 25-26), 이는 "타자 the Other에 대한 참여를 거부하는 것"(p. 26)으로 자신을 드러낸다. 그러나 레비나스가 열림을 보는 것은 정확히 후자의 '운동'

---

8 '의미형성(making sense)'이라는 용어는 오직 해석의 문제로 들릴 수도 있다. 물론 그렇지는 않다. 여기서 쟁점이 되는 질문은 궁극적으로 정치적이다. 파시즘이나 나치즘과 같은 '체제들'은 어떤 식으로든 비판될 수 있는 것인가, 아니면 그것에 대해 우리가 말할 수 있는 유일한 것은 그들 자신의 전제 내에서 그것은 '전적으로 말이 된다'고 해야 하는 것인가? '의미형성'이라는 용어는 바로 이런 정치적 문제에서 자유롭지 않다(용어와 쟁점에 관해서는 Levinas 1990 [1934]; 또한 Critichley 2014 참조).

에서이다.

여기서 레비나스가 이 주장을 구축하는 두 가지 차원이 있는데, 그 두 노선을 따라 두 가지 논지를 내세우고 있다. 첫 번째는 의미화가 '문화 **이전에** 위치한다'는 것이고, 두 번째는 그것이 '윤리 **안에** 위치한다'는 것이다. 그리하여 윤리는 "모든 문화와 모든 의미화의 전제가 된다"(Levinas 2006, p. 36. 강조 추가).[9] 레비나스에 따르면, 의미의 기원이 되는 것은 '지향성'을 제시한다는 점에서, 타자에 대한 참여를 거부하는 것이 아니라 정확히는 바로 그 참여가 된다(p. 26). 첫 번째 단계에서 레비나스는 이 지향성을 "동일자에서 절대적으로 다른 타자를 향한 움직임"(p. 26)으로 특징짓는다. 레비나스가 설명하듯이, "동일자에서 타자로 자유롭게 향하는" 이 지향성은 그가 '노동Work'으로 지칭하는 것이다(p. 26). 노동이 급진적으로 타자중심적으로 되려면 "표면적인 변동 후에 동일하게 남아있는 재고 정도로 생각해서는 안된다". 이것은 타자에의 참여[10]가 자아에

---

9 그러므로 의미화에 의미를 부여하는 것은 윤리적 사건의 현시, 더 정확하게는 윤리적 요구의 에피파니이다. 이어지는 내용에서 더 상세하게 논의한다.

10 나는 '타자(Other)'를 레비나스를 직접 인용할 때만 대문자 'O'로 사용하고 다른 경우에는 소문자로 'other'를 쓰는데, 주된 이유는 타인과 타자와의 마주침은 대문자 'O'(절대적 타자)의 사용이 제시하는 것처럼 특별한 어떤 것이라기보다는, 일상의 경험에 가깝다는 것을 나타내기 위해서이다. 나는 대문자 'O'의 사용이 불어로 두 용어, 'autre(타

아무런 영향도 변화도 없이 방치되어서는 안 된다는 것을 의미하는 것이다. 또한 그것은 기술같은 것으로 생각해서도 안 된다… 즉, "낯선 세계의 그 타자성이 내 생각 안으로 전환된 세계로 변형시키는 기술"말이다(p. 26). 이것은 앞에서 내가 타자성을 **나의** 이해로 가지고 오는 해석학적 '태도'라고 불렀던 것을 의미할 뿐이다. 바로 이 이유로 레비나스는 노동이 "**결코 동일성으로 회귀하지 않는 타자성을 향한 동일성의 운동**"으로 이해되어야 한다고 주장한다(p. 26, 강조는 원문).

선물에 관한 데리다의 분석(Derrida 1992a, 1995 참조)과도 유사한 이와 같은 사유의 노선은 레비나스로 하여금 노동이 그것을 행하는 사람에게 "급진적 관대함의 움직임"을 요청할 뿐만 아니라, 이 때문에 타자가 그 노동에 감사해 하지 않도록 하는 것 ingratitude도 요구한다. 왜냐하면 타자가 노동에 감사하게 될 때, 그것은 다시 비용과 이익, 지출과 수익의 경제적 계산의 순환 속으로 들어가게 될 것이기 때문에, 타자는 노동에 대해 "보답하지" 않도록 되어 있다(Levinas 2006, pp. 26-27). 레비나스는 다음과 같이 쓰고 있다. "타자를 향한 절대적 지향으로서, 즉 의

자'와 'autrui(타인)'를 구별하기 위한 것임을 알고 있다. 여기서 대문자 Other는 후자에 해당한다.

128
가르침의 재발견

미로서 노동은 오직 인내 속에서만 가능하며, 끝까지 밀어붙였을 때 이것이 의미하는 바는 행위자는 성취의 동시성을 포기한다는 것, 약속의 땅에 들어가지 못하더라도 행위한다는 것이다"(p. 27). 그것은 주어진 것에 대한 어떠한 대가도 기대하지 않고 주는 것이다. 궁극적으로 레비나스가 이 일을 위해 제안하는 단어는 **성례**liturgy로서, "그 첫 번째 의미는 완전히 무상일 뿐만 아니라 실행자에게 손실을 감수하고도 투자할 것을 요구하는 직무수행을 말한다". 이것은 "보상 없는 노동"으로서, 우리가 대가를 받지 않고 혹은 기대하지 않고 행하는 노동이다. 레비나스는 이를 "윤리 그 자체"로 명명하였다(p. 28).

성례, 필요, 욕구

레비나스는 만약 성례가 정말로 아무런 대가없이, 우리에게 돌아오는 어떤 것도 없이 이루어지는 노동이라면, 그것은 선을 행하거나 타인 돌봄의 필요와 같이 우리가 가진 어떤 필요의 충족과 같은 것으로 생각하지 않는 것이 중요하다고 주장한다. 그럴 경우 필요의 충족은 우리가 받을 대가가 되기 때문이다. 이 맥락에서 레비나스는 욕구desire의 개념을 소개한다(Levinas 2006 참조). 여기서 욕구는 충족되고 실현되어야 할 욕망으로 이해되어서는 안된다. 레비나스에 의하면 '타자를 향한 욕구(사회성)'는 아무것도 부족하지 않은 존재에게서 일어나며, 혹은 더 정확히는 그에게 부족할 수 있거나 혹은 그를 만족시킬 수 있는 모든 것 너머에서 일어난다(p. 28). 욕구 안에서의 에고는 "스스로와 동일시하는 주권을 타협하는 방식으로 타인을 향해 나아가며"(p. 28), 따라서 그렇게 상정된 욕구는 비자기중심적이다.

그러나 우리는 레비나스의 표현으로 "가장 흔한 사회적 경험에서 느끼는"(Levinas 2006, p. 30) 이 '타인을 향한 욕구'에 어떻게 '접근'해야 하는가? 레비나스의 관찰에 따르면, "현대 철학에서 언어에 대한 모든 분석은 해석학적 구조를 강조하며, 또 그렇게 하는 것이 올바르다"(p. 30). 즉, 타자에 대한 우리의 접근은 타인을 이해하고 의미를 형성하려는 행위로서, 의미화의 행위로 이해되는 것이다. 하지만 레비나스는 '제3의 선택지'를 추구한다. 여기서 타인은 "표현이라는 문화적 작업의 협력자도 이웃도 아니며, 예술 작품의 고객도 아니다. 그들은 오직 우리의 표현이 표현될 **대화 상대자**일 뿐"이다(p. 30). 정확히 이 지점이 첫 번째로 가장 중요한 '열림'을 발견하는 곳이다. 여기서 레비나스는 의미화가 자기중심적 행위도 아니고, 에고가 의미를 생성하는 제스처도 아니며, 세계에 '대한' 자기 생성적 표현도 아니라고 주장한다. 여기서의 의미화가 해석학이 **아닌 이유는**, "**표현은** 존재의 경축이기 이전에 내가 표현을 표할 누군가와의 **관계**"(p. 30, 강조 추가)이기 때문이다.

정확히 이런 이유 때문에 '나를 마주하는' 타인은 표현되는 존재의 전체성 속에 포함되지 않는다. 그것에 포함될 경우 타인은 나의 의미화의 '산물'이자 나의 구성이 될 것이기 때문이다. 타인은 "내가 표현하는 것을 표하는 상대방으로서 존재의 모든 총합 뒤에서" 등장한다(p. 30). 그 이유는, 레비나스가 주장하듯이, "그러한 의미화 같은 현상이 스스로 존재할 수 있게 되는" 것은 **대화자**로서 타인의 현존을 통해서만 가능하기 때문이다(p. 30). 이것이 바로 나의 표현을 표하고 나의 표현의 문화적 제스처가 생산될 수 있기 위해 그 현존이 이미 요구되는 상대방이자 대화자로서 타인은, "문화적 의미화도 아니고 단지 주어진 것도 아니며" 그보다는 "근원적으로 **의미**sense"(p. 30, 강조는 원문)로 불릴 수 있는 이유이다. 여기서 우리가 기억해야 할 것은 레비나스에게 '의미'는 정확히 우리의 의미화에 뜻을 부여하고, 이로부터 나아가 우리 삶에 방향성을 주는 바로 그것이다. 레비나스는 이 '전환'(이것에 관해 아래에서 한 가지 더 말할 것이다)이 "플라톤주의로 새롭게 회귀하는 것을 의미한다"(p. 38)고 강조한다. 왜냐하면 이 전환이 "스스로를 자신의 맥락 안에서 정당화하는 무수히 많은 각 문화들의 사라반드 saraband"[11]를 넘어서도록 해주기 때문이다(p. 37). 레비나스는 후설Husserl이 "문명에 관한 윤리적 판단"을 허용하는 비슷한 성취를 보인 것에 호의를 표하면서도, "후설과 똑같은 경로를 따를 의무는 없다"고 명시하고 있다(p. 37). 왜냐하면 그 경로 는 "문화적 세계를 직관적인 초월 의식 안에서 현상학적으로 환원하고 또 구성하는 것을 가정하기" 때문이다(p. 37). 레비나 스는 '의미화의 엄정함'을 향한 다른 길이 있다고 제안한다. 즉, 지성적인 현현은 "**도덕성**의 엄정함에서, 그리고 성례로서 이해된 노동에서 생산된다"는 아이디어를 통해(p. 37, 강조 추가) 그 길이 가능하다는 것이다.

두 번째 열림

따라서 레비나스에게 의미화는 '자아의 첫 번째 현실'이 아니 다. 달리 말하면, 우리는 우리 자신을 의미형성의 동물이나 학

---

11 17세기부터 18세기 무렵에 에스파냐를 비롯한 유럽 각지의 궁정에서 유행한 춤 또 는 춤곡. - 역자주

습자로 생각해서는 안되며, 의미형성은 오직 타인과의 마주침 속에서만 '의미가 있다'는 것이다. 레비나스에게 이 마주침은 근본적으로 **윤리적** 마주침으로서, 무언가 위태로운 것이 있는 마주침이며, '나/나의 주체됨/주체로서 나'의 존재가 위태로운 마주침이다. 그러나 여기서 결론을 맺기 전에 레비나스의 사유 노선 측면에서 한 가지 더 들여다볼 필요가 있다. 이것은 초반에 제기되었던 의사소통, 레비나스의 용어로는 대화가 어떻게 가능한가라는 논점의 질문에 대한 응답이라 할 수 있다. 그것은 타인이 실제로 어떻게 대화자가 될 수 있는가라는 질문과도 관련 있다. 나는 바로 여기에서 두 번째 열림이 일어난다고 제안한다.

레비나스는 타자의 현현이 "물론 모든 의미가 생산되는 방식으로[…] 생산된다"는 것을 인정한다. 여기서 현현이라는 단어는 문자 그대로, 타자가 스스로를 드러내는 방식으로 받아들여야 한다. 즉 타자는 "해석학, 혹은 주석"의 형태로 나의 "타자에 대한 파악" 행위를 통해 생산된다는 것을 그도 인정하는 것이다(Levinas 2006, pp. 30-31). 하지만 타자는 나에게 단지 나의 의미화의 결과나 산물로서만 오지 않는다. 만약 나의 의미화를 통해 타인을 출현하게 했기 때문에 타인이 출현하는 것이라면,

비록 타인을 이롭게 하거나 돌보려는 의도처럼 윤리적 특성을 가진다고 해도, 그 의미화는 그 자체의 사건으로 남을 것이다.[12] **현상**으로서 그리고 의미화의 산물로서 타인의 출현에 더하여 '타자의 에피파니'도 있다. 레비나스가 설명하듯이, 에피파니 epiphany는 "세계로부터 받은 의미화와는 무관하게" 그 자체로 의의를 지닌다(p. 31). 타자는 "우리에게 구체적 맥락으로부터 올 뿐만 아니라, 매개 없이 그 자체로 의미를 지닌다"(p. 31). 레비나스는 우리에게 매개되지 않은 출현으로 오는 것을 '얼굴 face'로, 또 얼굴의 현현을 '방문visitation'으로 지칭한다(Levinas 2006, p. 31). 그래서 얼굴은 의미화를, 즉 이미지를 '돌파한다'고 말할 수도 있다. 이것은 '탈형태화deformalization'(Cohen 2006, xxxi)의 과정이며, 그 말하기는 가장 먼저 그 사람의 외양 뒤에서, 그 형태 뒤에서 오는 바로 그 방식이라 할 수 있다. 이것은 열림 안에서의 열림이다(Levinas 2006, p. 31).

그러나 얼굴은 일반적으로 말하지 않는다. 그 얼굴의 말하기는 '세계의 드러냄'이 아니다(Levinas, 2006, p. 31). 오히려 얼굴

---

12 물론 이것은 돌봄의 역할과 돌봄의 윤리에 관한 중요한 질문을 제기한다. 한 번 더 말하지만, 레비나스 작업의 '메시지'는 우리가 타자를 돌보아야 한다는 것이 **아니다.** 나는 심지어 레비나스의 작업에서 나오는 '당위(should)'는 없다고까지 말할 수 있다. '당위'는 오직 나로부터 나올 수 있다.

은 **나에게** 말한다. 얼굴은 나에게 언명하고 나를 소환하고, "이를 통해 방문의 윤리적 차원을 알린다"(p. 32). 레비나스의 주장에 따르면, 정확히 이 지점에서 "의식은 그 자신의 첫 번째 자리를 잃는다"(p. 32). 왜냐하면 "얼굴의 현전은 의식의 가용성을 결박하는 거역할 수 없는 질서(명령)를 나타내기" 때문이다(p. 32). 이것은 중단의 순간이다. 레비나스는 바로 이 순간 의식이 얼굴에 의해 도전을 받지만, 이 도전은 "도전에 대한 자각으로부터 오는 것이 아니다"(p. 32)는 것을 이해하는 것이 중요하다고 강조한다. 왜냐하면 그럴 경우 의미화는 타자의 언명보다 **먼저** 오기 때문이다. 이것이 바로 레비나스가 "도전에 대한 의식이 아니라 의식의 도전"이라고(p. 33) 강조한 이유이다. 따라서 이 방문은 "에고의 바로 그 자기중심성의 전복"(p. 33)이다. 그러나 이것은 에고의 파멸에 이르는 것이 아니라 오히려 '나/에고'가 고유한 의미를 획득하는 탈중심화에 이르는 것임을 이해하는 것이 중요하다. 레비나스가 설명하듯이, "에고에서 제국주의를 비워내는 그 책임이야말로 오히려 에고의 유일성을 확증"한다. 유일성은 "아무도 내 대신 응답할 수 없다"는 사실에 있기 때문이다(p. 33). "에고를 위한 그러한 지향성을 발견한다는 것은 에고와 도덕을 동일시한다는 것"

을 의미한다(p. 33). 그리하여 주체로서 에고의 도덕적 '기원'은 주체성의 윤리라는 개념을 통해 내가 표현하고자 했던 바로 그것이다.

기준, 의사소통, 의미화의 기원

나는 이러한 사유의 노선을 통해 레비나스가 현대 의미화의 철학으로 지칭했던 것의 문제들을 어떻게 다루는지 살펴보고자 했다. 그 문제들은 다음과 같다. 먼저 **의미**sense에 대한 질문이다. 의미화는 어디에서 의미를 가지고 오는가? 그리고 **의사소통**에 대한 질문이다. 급진적으로 다원적인 우주에서 의사소통은 어떻게 가능한가? 마지막으로 **기준**에 대한 질문이다. 우리는 무엇을 통해 의미화의 제도와 전통을 평가할 수 있는가? 레비나스의 사유 노선은 이 세 가지 질문에 해답을 제공하는데, 별개로 답하기보다는 중첩되고 상호 연동되는 방식으로 답한다. 여기서 한 가지 핵심적 통찰은 의미화가 자기중심적 행위나 성취가 아니라, 내가 표현을 표하는 대상, 그 표현이 표현되는 대상과의 관계로 구성된다는 것이다. 그러므로 의미화는 다른 존재와의 개별적인 '사건' 혹은 '마주침'에서 자체의 의미를 도출한다. 이 관계에서 타자는 나의 의미화의 대상으

로 나타나지 않고 대화자로 나타난다. 그것이 타자의 '출현'이
일종의 에피파니인 이유이다. 나타나는 것은 타자를 나의 의
미작용의 '산물'로 만드는 타자의 이미지가 아니라, 레비나스
가 얼굴이라고 지칭한 것이다.

얼굴이 **나의** 의미화의 산물이 아닌 것처럼, 얼굴의 에피파
니 또한 나에 대한 타자의 의미화의 문제가 아니라는 것을 아
는 것은 중요하다. 얼굴은 나를 주제화하지 않는다. 얼굴은 나
를 의미작용의 대상으로 만들지 않는다. 그보다 얼굴은 **나에게
말을 건다.** 이 말 또한 중요한데, 그것은 내가 막 수용하도록 되
어 있는 타자의 계시가 아니다.[13] 여기서 핵심적 아이디어는

---

13 나는 이 장에서 레비나스와 하이데거 사이의 거리에 대해 상세히 논의할 여유가 없
다. 그러나 이것은 그 거리가 나타나는 하나의 지점이며, 내 생각에 레비나스가 결정
적으로 하이데거를 넘어서는 지점이기도 하다. 거칠게나마 간략히 설명하면, 하이데
거와 레비나스 둘 다 의미화는 자기중심적이며 자아로 시작해서 언제나 자아로 되돌
아온다는 유사한 문제의식이 있다. 하지만 하이데거는 의미화의 대안을 우리에게 말
하는 것을 받아들이고 그것을 돌보는 수용성으로 주장하는 반면, 레비나스는 자기폐
쇄적인 의미화의 대안은 우리에게 말하는 것이 우리에게 언명하고, 우리를 골라내
고, 우리의 응답을 소환한다는 사실에 있다고 주장한다. 순수한 수용성은 돌보아야
할 것을 '선택하고' 판단할 기준이 없기에, 궁극적으로 무준거인 반면, 레비나스는 우
리를 수용성으로부터 책임으로 '이동'시킨다. 여기서 내가 제기하는 질문은 어떻게
수용하고 유지하는가가 아니라, 나에게 묻는 것이다. 한 번 더 말하지만 그 강조점은
단수로서 나에게 있고 일반적인 모두에게 있지 않다. 하이데거와 레비나스의 차이는
3장 초반에서 제시한 해석학적 세계관의 상이한 두 가지 문제, 즉 세계가 그 자체의
용어로 어떻게 말할 수 있는가뿐만 아니라, 우리는 어떻게 말 건네질 수 있는가의 문
제를 확인했던 이유이기도 하다.

얼굴이 **나에게** 말을 건다는 것, 더 정확하게는 얼굴의 말이 나에게 언명한다는 것이다. 그리고 여기서 얼굴이 **언명한다**는 사실과 얼굴이 아무에게가 아닌 단수로서 **나에게** 언명한다는 것, 둘 다를 강조해야 하기 때문에 1장에서 이 모든 것을 1인칭적인 것으로 언급했다. 이 언명으로 인해 나의 제국주의는 중단되고, 나의 의식은 도전받는다. "얼굴은 그것을 보는 (이의) 의도성을 혼란스럽게 한다"(Levinas 2006, p. 33). 또한 이 언명으로 인해, 비록 나에게 호출에 응답하지 **않을** 자유가 있음에도 불구하고 나는 응답하도록 호출받는다. 바로 이 순간, 이 윤리적 사건에서 에고는 의미를 획득한다. 왜냐하면 그것이 모든 의미작용 넘어/이전에/바깥에서 출현하기 때문이다.

요컨대, 레비나스가 탐색했던 **기준**은 여기서 윤리로 등장한다. 즉, **의사소통**은 의미 교환의 문제가 아니며, 그것의 기원은 언명, 말 건넴에 있다는 것이다. 의미화가 그 의미를 획득하는 것은, 그리고 의미화가 가능한 것은, 더 정확한 레비나스의 정식으로는 **의미화가 스스로를 존재하도록 하고 그것이 현실화되는 것은**, 언명됨이라는 윤리적 사건 안에서이다.

계시, 초월, 그리고 윤리

이 장의 출발점인 가르침의 질문으로 돌아가기 전에 「유대 전통에서 계시」(Levinas 1989 원저는 1977년 프랑스에서 출간)라고 불리는 레비나스의 또 다른 짧은 텍스트를 간략히 살펴보고자한다. 이 텍스트에서도 레비나스는 해석학적 세계관을 비판하고 있는데, 그 명부와 어휘는 약간 다르다. 혹자는 그 텍스트가계시 가능성에 대한 신학적 질문을 다루기 때문에 약간 다른것이 아니라 극단적으로 다르다고도 한다. 나는 이 질문과 '의미화와 의미'라는 주제 간에 연속성이 있음을 발견하는데, 레비나스는 양자 모두에서 내재성에 대한 비판과 더불어 초월에관해 주장한다. 즉, 우리 삶에서 일어나는 모든 것이 우리 자신의 의미형성 행위를 통해서 생성되는 것은 아니며, 오히려 밖에서 우리에게로 오는 '사물들'이 있다는 생각을 옹호한다.

이 텍스트의 주된 주제가 내재성의 극복이라는 사실은 텍스트의 시작하는 문장에서 이미 분명하게 나타나 있다. 여기서레비나스는 그가 다룰 '근본 질문'이 "계시에 속하는 내용이라기보다는 계시록으로 언급되는 실제 사실에 더 관심이 있다"(Levinas 1989, p. 191)고 진술한다. 한걸음 더 나아가 레비나스는 이 사실 자체가 "첫 번째 내용이며, 가장 중요하게도, 어떠한 계시에 의해서도 드러나게 될 첫 번째 내용"이라고 주장한다(p. 191). 계시의 핵심은 외재성**이다**. 즉, 계시는 우리**에게** 오는 어떤 것으로, 우리의 구성이나 해석이 아니라는 사실이다. 이것이 바로 레비나스가 "이성으로 알려진 인간 기능을 강타하는 계시록의 진리와 표적의 '외재성'을 우리가 어떻게 이해할 수 있는지" 묻는 이유이다(p. 192). "이 진리와 표적이 이 세상의 것이 아니라면 어떻게 우리의 이성을 강타할 수 있는가?"(p. 192)

이 질문에 대한 부분적 대답은 '독자의 계시록 참여'(Levinas 1989, p. 194)라는 아이디어에서 제시된다. 이것은 언뜻 해석학을 다시 현장으로 가져오자는 해석에 동조하는 주장처럼 들릴 수 있지만, 레비나스는 계시를 해석학으로 환원하는 것이 아니라 계시와 자아 사이의 상이한 관계를 염두에 두고 있다. 레비나스는 "그 계시의 말은 어디에선가로부터, 밖에서부터 오지만, [동시에] 그것을 받아들이는 사람의 안에 산다"(p. 194)라고 쓰고 있다. 다시 말하여, "외재성이 나타나는 유일한 '영역'은 인간 존재 안"(p. 194)이라고 제시한다. 그러나 여기서 인간 존재는 "경청 이상의 훨씬 더 많은 것을 한다"(p. 194)고 덧붙인다. 레비나스가 이것을 해석학의 관점에서 이해하는 것이 아니라는 사실은 외부로부터 오는 메시지가 "'자유로운' 이성과 충돌하기 위해" 오는 것이 아니라, "'우연적인 주관적 인상'으로 환원될 수 없는 고유한 형상을 가정하기 위해" 도착한다고 주장할 때 분명해진다(pp. 194-195). 오히려 "계시록은 의미를 생산하는 특별한 방식이 있는데, 그것은 내 안에 있는 고유한 것을 호출하는 데 있다"(p. 195). 앞 부분에서의 언어로 표현하자면, 계시는 나에게 말을 건다. 더 정확하게는 나에게 언명하고 나를 부르고 나를 소환한다.

그렇기 때문에 레비나스는 친숙한 논조로 다음과 같이 강조한다. "나의 유일성은 타자에 대한 나의 책임에 있다. 내가 죽는 순간에 아무도 나를 대신할 수 없는 것처럼, 아무도 이것에서 나를 벗어나게 할 수 없다"(Levinas 1989, p. 202). 이를 통해 레비나스는 자유에 대한 매우 다른 개념을 설명한다. 즉, 자신이 하고 싶은 대로 하는 자유주의적 자유가 아니라, "아무도 나의 자리를 대신 할 수 없는 것을 [하는]" 자유로서, '자유함'은 '절대자에의 복종'(p. 202)을 의미한다.

이로 인하여 레비나스는 '내재성의 균열 그 자체'로서 주체됨이라는 아이디어로 되돌아간다(Levinas 1989, p. 204). 그러나 이 균열은 어떻게 이해될 수 있는가? 이해라는 것은 정확히 이 균열이 이해될 수 없는 바로 그 방식이다. 왜냐하면 밖에서부터 오는 이 균열이 우리가 '생각할 수 있는' 것이라면 그것은 이미 해석학적 태도를 통해 '안전'한 것으로 만들어지고 더이상 균열이 아니기 때문이다. 레비나스는 여기서의 난점은 "이성을 세계의 가능성과의 상관관계, 즉 세계의 안정성과 정체성에 대응하는 것으로 생각하는 습관에서 비롯된다"고 지적한다 (p. 205). 레비나스는 그렇지 않을 수 있는 경우를 묻는다. "이해 가능성을 우리 경험의 충격적인 격변의 관점에서 설명할 수 있을까? 즉, 지성을 그것의 역량을 훨씬 넘어서는 것과 대면시켜서 그로 인해 깨지게 되는 그런 관점으로 설명할 수 있을까?"(p. 205)

계시를 이성에 대한 진리의 계시로 생각하는 한, 이 모든 것은 정말로 이해할 수 없다. 그러나 레비나스는 이와는 완전히 다른 선택지를 본다. 이것은 "'해야 한다'는 명령의 가능성을 고려하는 것이지, '(우리가) 할 수 있는' 것을 고려하는 것이 아니다"(Levinas 1989, p. 205).[14] 이 경우에, "우리 자신의 능력을 초과하는 것은 정말로 말이 되는데" 왜냐하면 이러한 균열에 상응하는 이성의 유형은 '실천이성'(p. 205)이기 때문이라는 것이

14 나는 이 사항을 5장에서 다시 다룰 것이다.

다. 이것이 필연적으로 의미하는 바로, "계시의 모델은 윤리적 모델"(p. 206)이어야 한다고 레비나스는 결론내린다. 여기서 "처방"과 "복종"같은 개념들이 일정한 역할을 한다(Levinas 1989, p. 206). 그러나 레비나스가 염두에 두는 복종은 "갑자기 보편적인 것이 의지를 주도하는 지위에 있는 정언명령에 속할 수 없다"(p. 206). 그것은 오히려 "이웃에 대한 사랑, 에로스 없는 사랑, 그리고 방종 없는 사랑이며 이런 의미에서 복종하는 사랑"으로부터 비롯된다(p. 206).

이 '복종하는 사랑'은 "예속을 수반하지 않는 타율, 여전히 이성을 지닌 수용적 귀, 듣는 사람을 소외시키지 않는 복종"의 가능성을 암시한다(Levinas 1989, p. 207). 다시 말해, 이 주장은 바깥에서 우리에게 오는 모든 것을 다 수용해야 한다는 것이 **아니다**. 무엇을 '받아들일지'와 도래한 것에 어떻게 반응할지에 대한 책임은 여전히 우리 자신에게 있다. 레비나스는 "환원할 수 없는 초월을 인정하는 움직임"이 "오늘날 철학적 전문가들이 견지하는 지배적인 이성 개념"(p. 207) 안에서는 일어날 수 없다는 것을 잘 인식하고 있다. 이 이성 개념은 내가 초반에 자아로부터 출발해서 자아와 세계의 관계를 의미형성의 관점에서 생각하는 해석학적 세계관으로 언급했던 것을 의미한다. "그 어떤 것도 이 핵처럼 단단한 사고의 힘을 깨뜨릴 수 없다"(p. 207)고 레비나스는 쓰고 있다. "사고는 대상을 주제로 동결시키고"(p. 207), 파악하고자 하는 바로 그것을 파괴시킬 위험을 무릅쓰고 대상을 전체로 포착한다.

이것은 타자와 맺는 윤리적 관계와 다르다. 윤리적 관계에서 타자는 "지식을 추구할 때마다 인간을 둘러싸고 있는 외재성과 달리[…] 내재성 내의 내용으로 변형될 수 없지만[…] 그 관계가 유지되는 동안 '수용할 수 없는 것'으로 남아 있다"(Levinas 1989, p. 207). 따라서 '계시의 역설'에 대한 레비나스의 해결책은, 외재성과 맺는 관계의 모델을 "타자를 향한 비-무관심성의 태도에서 찾는 것이고, 정확히 이 관계를 통해서 인간은 자기자신이 된다"(p. 207)라는 것이다. 그때 윤리는 "초월에 합당한 모델을 제공하며"(p. 207), 여기서 "자신의 정체성 안에서 졸고 있는 동일자"가 타자에 의해 **깨어난다**(p. 209).

가르침의 재발견

나는 이 장을 전통적 가르침에 대한 너무 흔하고 너무 손쉬운 비판으로부터 시작했다. 이 비판은 현대의 교육적 사유에서 새로운 도그마가 된 것 같다. 나는 이 비판이 어떻게 교사와 가르침의 종말과 학습으로의 전환, 즉 교사는 자율적인 학습과정의 촉진자로만 존재할 수 있는 전환으로 이끌었는지를 설명했다. 교사는 '교단 위의 성자'로부터 '옆에 있는 안내자'로, 또 혹자에 따르면 '뒤에 있는 동료'로까지 전환되었다. 학습으로의 전환이 등장한 이유는 '전통적인' 가르침이 **통제**의 행위로 인식되었다는 사실에 있다. 사정이 이러하다는 것은 학습으로의 전환의 관점에서 가르침을 옹호하는 사람들의 동기를 보면 더욱 분명해진다. 그들이 그렇게 하는 것은 개인적·사회적 질서를 유지하거나 복구하기 위한 목표하에 가르침이 강력한 통제 행위가 되기를 원하기 때문이다. 질서가 반드시 나쁜 것은 아니지만, 문제는 우리에게 질서가 필요한가 아닌가가 아니라, 언제, 어디서, 어떤 종류의 질서를, 어떤 목적을 위해 필요한가이다. 예를 들어, 법질서의 엄청난 중요성을 생각해 보라. 통제로서의 가르침의 개념에서 문제는, 그러한 관계에서 학생은 주체로 출현할 수 없고 대상으로만 남게 된다는 것이다. 인간 존재의 주체됨에 관심을 두지 않는 세계에서 이것은 당연히 문제가 되지 않는다. 문제는 이것이 우리가 마땅히 바라는 세계인가 하는 것이다.

　그러나 이 장에서 개진된 생각에서 드러난 사실은, 통제로서의 가르침에 대한 반발로 제기된 선택지도(이른바 학습의 아이디어, 더 상세하게는 의미형성이나 의미작용으로서 학습의 아이디어도), 그러한 의미화 행위를 통해 **학습자는 주체로 출현할 수 없다**는 점에서 동일한 문제의 곤경을 겪는다는 점이다. 왜 그런지를 이해하는 한 가지 방법은, 의미화의 행위는 자아에서 시작해서 세계를 '경유'하여 다시 자아로 회귀한다는 사실과 관련이 있다. 그러므로 의미화에서 자아는 결코 방해받지 않으며 이미 그 자체와 언제나 함께 있고 자기 스스로 충분한 자아로 보존된다. 이 문제를 보는 다른 방식은 항상 변화하는 환경 조건에 적응하고 조정하려는 지속적인 시도 속에서, 자아는 적응하려는 환경의 대상으로만 남아 있다고 말하는 것이다. 그러한 창의적인 적응 행위는 아마도 자아의 **생존**은 도울 수 있을지 모르지만(예를 들어, 얼마나 많은 현대 담론이 미지의 미래에서 생존하기 위한 기술을 습득할 필요성을 다루고 있는지는 놀라울 정도이다.), 결코 자아가 실존할 가능성, 말 그대로 자신의 바깥에 있다는 의미에서의 실존 가능성으로 귀결되지 않는다. 다르게 말하면, 절대로 제기되지 않는 질문은 자아가 적응하려고 애쓰는 그 환경이 마땅히 적응해야 하는 환경인가, 적응할만한 가치가 있는 환경인가 하는 것이다. 이 자아는 아마도 적응적 자아나 조정적 자아라고 말해야 할지 모르겠지만, 결코 자신이 적응하고 있는 것을 평가하는 기준을 그 자신으로부터 생성할 수 없다. 따라서 그것이 적응하고 있는 것에 의하여 '대상'으로 '붙잡히게' 되는데, 나는 이 문제를 로봇 진공청소기의 이미지로 명료화하고자 했다.

여기에서 우리는 비로소 해석학적 세계관에 대한 비판을 통해 레비나스가 보여주는 '열림'의 중요성을 본다. 우리의 주체됨은 해석과 적응의 행위를 통해서 안에서부터 밖으로 구성되는 것이 아니라, 나 자신의 내재성의 중단, 나 자신과 함께 있음이나 나의 의식의 중단 혹은 균열을 통해 밖으로부터 호출되는 것임을 보여준다. 내가 보여주려고 했듯이, 이것은 내가 타자를 해석하는 순간, 혹은 타자를 경청하는 순간도 아니고, 타자가 나를 이해하는 순간도 아니다. 이 점에서 그것은 전적으로 의미화 영역의 밖에 있다. 그것은 **타자에 의해 언명되는 순간**이며, 레비나스의 용어로는 타자가 "내 안에 있는 유일성을 호출하는"(Levinas 1989, p. 195) 순간이다. **그리하여 이 언명됨의 사건은 우리에게 가르침과 가르쳐지는 경험에 관해 완전히 다르고, 훨씬 더 중요한 설명을 줄 수 있지 않을까?**[15]

15 나는 '가르침'과 '가르쳐지는 것'을 구별한다. 왜냐하면 이 논의에서 어렵고도 중요한

결론

이와 같은 아이디어에 비추어 볼 때, 우리는 왜 진공 로봇청소기와 같은 지능적 적응시스템의 아이디어가 교육적 관점에서 학생에게 적합한 이미지를 제시하지 **않는지**를 이해할 수 있다. 언급한 바와 같이, 그러한 시스템이 학습할 수 있고 환경에 적응할 수 있고 조정될 수 있다는 점에서 의미화가 가능하다고 말할 수도 있을 것이다. 하지만, 결코 발생할 수 없는 바로 '그것', 결코 그들의 우주에 '도착'할 수 없는 바로 '그것'은 타자의 언명, 즉 가르침의 사건이다. **그러한 시스템도 학습을 할 수는 있겠지만, 결코 가르칠 수 없고 또 가르쳐질 수도 없다.**

여기에서 가르침의 사건에 관해 전적으로 다른 설명을 마주하게 된다. 그 설명은 정확히 통제나 권력의 행사, 그리고 학생이 오직 대상으로 존재하는 질서의 확립을 목표로 삼지 **않는다**. 그보다는 자신과 함께 있는 존재, 자신을 위해 있는 존재로서 학생의 자기중심성을 중단함으로써 학생의 주체됨을 불러낸다. 이러한 가르침은 단지 우리를 세계 속에 매우 다르게 두

쟁점은 교사가 가르칠 권력을 가지고 있는가라는 질문, 혹은 가르쳐지는 사건이 전적으로 교사에 의해 주어질 수도 없고 학생에게 강제될 수도 없지만, 그럼에도 불구하고 교육적 관계에 도달할 수 있는 선물로 이해되어야 하는가라는 질문과 관련있기 때문이다(보다 상세한 논의는 Biesta 2013a). 나는 또한 이 아이디어에 관한 상세한 논의를 위해 독자들에게 자오(2014)를 언급했다.

는 것만이 아니다. 이 가르침은 우리를 최초로 이 세계에 둔다고까지 말할 수 있다. 우리를 우리 자신으로부터 이끌어내는 것이 바로 가르침이다. 왜냐하면 그것은 레비나스의 용어로, 우리의 '필요'를 중단하며, 혹은 내가 1장에서 소개한 용어로 우리의 욕구를 중단하며, 이 점에서 욕구에 묶여 있고 심지어 이것에 의해 결정되는 방식에서 우리를 해방시키기 때문이다. 가르침은 우리 자신을 위해서나 타인과 타자와 함께 살아가는 삶을 위해서나, 우리가 바라는 것이 실제로 바람직한가라는 질문을 소개함으로써 그렇게 한다.

그러한 가르침이 권위주의적이지 않은 이유는 학생을 대상으로 환원시키지 않고, 학생의 주체됨에 관심을 두기 때문이다. 그러나 권위주의를 극복하는 방식은 권위에 **반대함으로써**가 아니다. 이것은 학생을 전적으로 자신만의 의미작용으로서의 학습에 내버려둔다는 것을 의미한다. 권위주의를 극복하는 방식은 전적으로 다른 관계를 맺음으로써 가능하다. 이것은 권위와의 관계인데, 왜냐하면 우리가 바라는 것에서 바람직한 것을 고려할 수 있는 것으로 이동할 때 우리는 타인과 타자에 권위를 부여하게 된다. 이것을 약간 달리 말하면, 타인과 타자로 하여금 저자가 되게 함으로써, 즉 **우리에게** 말하고 언명하는 주체가 되게 함으로써 그것들을 **승인한다**.

우리는 이제 전통적 가르침에 대한 비판이 공식화되는 현재의 방식, 소위 통제로서의 가르침에 대한 비판이 곧 자유로서의 학습으로 귀착되는 방식에서는 보이지 않았던 선택지에 도달하였다. 앞서 나는 새로운 대안이 **가능하다**고 주장했을 뿐만 아니라, 또한 그 대안은 **가능해야만 한다**고 주장했다. 왜냐하면 통제로서의 가르침이 의미화의 자유로 대체되어 버릴 때, 실제로는 학생의 부자유가 더욱 강화되기 때문이다. 그 이유는 의미화의 행위에서는 학생들이 그 자신과 함께 홀로 남아 있고 항상 자신으로 회귀하게 되어, 결코 세계에 도달하지 못하고 자신의 주체됨을 성취하지 못하기 때문이다. 이상의 아이디어들은 가르침에 관한 비자기중심적 접근의 개관을 형성한다. 이 접근은 에고를 강화하는 것을 목표로 삼지 않는다. 오히려 **대상으로서의 에고**ego-object를 중단하고 그것을 세계로 전환하는 것을 목표로 삼으며, 그리하여 **자기주체**self-subject가 될 수 있도록 한다.

4

'무지한 스승'에 속지 않기

Don't Be Fooled By Ignorant Schoolmasters

최소한 언뜻 보기에 가르침을 재발견하는 과업을 성취하기란 쉽지 않을 것 같다. 해방을 명시적으로 추구하는 교육에서 가르침과 교사의 역할이 무엇인지 그리 분명하지 않기 때문이다. 결국, 해방을 교사와 교육자의 영향으로부터 벗어나는 것, 더 강한 어조로 말하면 탈출이라고 보는 오랜 전통이 있다. 그런 시각에서 볼 때 해방의 전통은 가르침과 해방을 서로 밀접하게 관련있는 것으로 보는 이 책의 기본 가정에 직관적으로 반한다. 그러나 이 장에서 탐색해 볼 것은 바로 가르침과 해방, 이 두 가지의 관련성이다. 독일과 북아메리카의 비판교육학^{critical}

pedagogy의 관점, 특히 프레이리^{Paulo Freire}와 랑시에르^{Jacques} Ranciere와의 대화를 통해, 해방교육에서 가르침과 교사의 역할에 대한 질문을 다루고자 한다. 이 탐색에서 우리는 교육이 해방, 즉 교육받는 자의 자유를 목적으로 해야 한다는 강한 논변을 만날 것이다. 이 뿐만이 아니라 가르침과 교사의 역할에 대한 분명하지만 꽤 다른 관점을 만날 것이다.

이 장은 해방교육에서 교사의 역할이 무엇인지에 대해 논의한다. 특히 우리가 상상할 수 있는 교사 역할의 상이한 방식들이, 해방 자체를 이해하는 상이한 방식 및 해방교육의 역동성을 이해하는 상이한 방식과 어떻게 관련되어 있는지를 부분적으로나마 보여주고자 한다. 한편 이 장의 또 다른 관심은 해방교육을 둘러싼 최근 담론과 관련이 있다. 이것은 바로 랑시에르의 작업에 대한 다른 이들의 다소 문제적인 접근, 특히 그의 저서 『무지한 스승』(Ranciere 1991)의 핵심 메시지에 대한 문제적인 접근에 이의를 제기하는 것이다. 이 담론에서 『무지한 스승』의 핵심 메시지는 누구나 교사 없이 배울 수 있다는 것으로 요약되곤 한다. 해방교육에서 해방의 순간을 구성하는 것은, 레비나스의 표현으로 '의미화/의미만들기^{signification}의 자유'로 불리는 학습의 자유라는 것이다(이 논의에 대한 추가 정보는

Pelletier 2012; Biesta & Bingham 2012; Stamp 2013; Engels-Schwarzpaul 2015; 이 장의 뒷부분 참조). 다음에서는 랑시에르의 작업에 대한 최근의 해석에 도전해 보고자 한다. 그리하여 『무지한 스승』의 핵심 논지로서 해방교육에서 중요한 것은 (이미) 알고 있는 교사로부터 (아직) 알고 있지 못한 학생으로의 지식의 전이가 아니라, 오히려 서로 불가분의 관계인 두 가지, 즉 교사와 그 교사의 가르침의 과정임을 주장할 것이다.

사실 이 논의를 복잡하게 만든 것이 있는데, 그것은 랑시에르 자신이 후기 저작 「해방된 관객」(Ranciere 2009, 1장)에서 해방교육을 위한 자신의 핵심 논지를 스스로 '잊어버린' 것처럼 보인다는 점이다. 교사의 가르침에 대하여 스스로 의미와 이해를 구성하는 학생 및 다른 관객들의 자유에 초점을 둠으로써, 랑시에르는 해방적 가르침을 위한 논의를 해방적 학습에 대한 논의로 전환하는 것으로 보인다.[1] 나는 학습을 강조하는 이러한 구성주의적 해석이 교육적 해방 담론에 대한 랑시에르의 고유한 기여를 훼손한다고 생각한다. 이런 점에서 가르침이

ㅣ 랑시에르가 알뛰세의 작업을 해석할 때 유사한 '문제'가 있었는데, 이를 위해서는 루이스(Lewis 2012, p. 31)를 참조하라. 학습에 대한 랑시에르의 개념에도 문제가 있다(Hallward 2005; Citton 2010 참조). 랑시에르 저술의 이러한 측면에 대한 논의는 이 장의 범위를 넘어선다.

왜 그리고 어떻게 해방교육에 필수불가결한지 보일 것이다. 그리고 무지한 스승은 가르칠 지식을 가지고 있지 않기 때문에 가르침과 아무 관련이 없으니 사라져도 된다라는 식으로 우리가 스스로를 속여서는 안 되는 이유를 보다 정확하게 설명할 것이다.

해방의 문제로서 교육[2]

교육은 단순히 문화와 역사에 참여하는 것을 통한 개인의 완성, 즉 **파이데이아**paideia(παιδεία)라는 그리스의 관념이 있다. **빌둥**Bildung(보다 비판적인 논의를 위해 Klafki 1986; Heydorn 1972 참조)에 대한 일부 이념에서 특별히 두드러지는 노선의 교육 사상도 있다. 그러나 교육은 이것뿐만이 아니라, 궁극적으로 자율적 주체로서 우리의 존재 방식(Drerup 2015), 즉 우리의 **해방**emancipation과 관련이 있다는 생각은 최소한 루소 이래로 우리의 근대적 교육 경험의 일부분이 되어 왔다(Lovlie 2002). **파이데이아**는 시민으로서 자유를 발달시키기 위한 자유인을 위한 교육이었다. 그리고 이것은 육체노동자나 장인을 위한 교육인

---

2 이 부분과 다음 부분에서는 보다 상세하게 발전된 비에스타(2010b, 2014)의 주요 사상을 소개한다.

바나우소이^{banausoi}와 대립되는 개념이었다(Jager 1945). 한편, 근대적 경험에서 교육은 이미 자유로운 이들을 위한 것이기보다는 (미래에) 자유를 초래하는 과정으로 인식되었다. 이러한 노선을 따라 교육은 **자유**^{liberation}의 과정으로 간주되었다.

어떤 저자들은 교육이 이러한 자유에 기여하는 방식에 관심을 가졌다면, 다른 이들은 교육이 그러한 자유에 필수적이라는 보다 강한 주장을 따랐다. 자주 인용되는 칸트의 에세이 「'계몽이란 무엇인가?'에 대한 답」의 첫 문장에서 계몽은 "이성적 숙고와 판단을 타자에게 맡기는 것으로부터의 해방"으로 정의된다. 타자에의 의존, 즉 미성숙은 "타인의 지시없이는 자신의 오성을 사용할 수 없는 것"으로 묘사된다(Kant 1992 [1784], p. 90). 이 에세이는 또 다른 교육에 대한 주장, 즉 우리는 교육을 통해서만 인간이 될 수 있고, 인간으로서 우리는 교육이 만들어내는 것 바로 그것이라는 주장과 더불어, 교육이 해방에 필수적이라는 앞선 주장의 강한 사례를 제공한다(Kant 1982, p. 701 참조).[3]

여기서부터 두 가지 노선을 따라 해방적 충동이 발전한다.

---

3 이것은 독일어로 다음과 같이 표현된다. "Der Mensch kann nur Mensch werden durch Erziehung. Er ist nichts, als was die Erziehung aus ihm macht"(Kant 1982, p. 701).

하나는 우리가 아동중심적 혹은 심리학적인 것으로 부르는 노선이고, 다른 하나는 사회중심적 혹은 사회학적이라고 부르는 노선이다. 첫 번째 것은 루소의 통찰을 따른다(Loveli 2002). 외부의 사회적 질서에 아이들을 적응시키는 것은 아이들을 타락시킨다는 통찰이다. 이것은 아이들을 **위한** 선택은 사회에 **저항하는** 선택을 의미할 수 있다는 생각으로 나아간다. 이 노선의 사유는 19세기 말 20세기 초 독일에서 하나의 독립된 학문영역으로 교육학을 세우는 데에 중요한 역할을 했을 뿐만 아니라, '진보주의 교육', '개혁교육학', '새 교육'과 같은 이름으로 그 시기에 등장했던 아동중심 교육 형태에 핵심적 역할을 하였다. 이러한 발전은 아동을 자연적 범주 혹은 '주어진' 사실적 범주로 간주하는 이론에 의해 더욱 지지되었다. 아동은 더이상 사회적, 역사적 혹은 정치적 관점으로 이해될 필요가 있는 대상이 아니었다.

독일의 맥락에서 해방교육에 대한 이러한 이해는 아주 고통스러운 방식으로 그 한계를 분명하게 드러냈다. 그것은 바로 아동에 전적으로 초점을 둔 이론과 실천이, 나치즘이나 파시즘을 포함한 넓은 범위의 상이한 이념적 체제에 쉽게 포섭될 수 있는 것으로 판명되었다는 점이다(Klafki & Brockmann 2003 참

조). 이것이 바로 2차 세계대전 이후 블란케르츠Herwig Blankertz
와 몰렌하우어Klaus Mollenhauer와 같은 독일의 교육자들이나 교
육학자들이 비판교육학kritische Pedagogik으로 알려진 사상의
발전을 위하여, 하버마스 초기 저작을 포함하여 마르크스주의
와 신마르크스주의 사상으로 전환했던 이유이다(예를 들어
Mollenhauer 1976[1968] 참조). 약 20년 후, 카운츠George Counts와
같은 사회재건주의social reconstructionist 교육학자들의 작업에
등장하는 선구자들과 함께(Stanley 1992, 참조), 유사한 노선의 작
업이 비판교육학critical pedagogy이라는 이름 하에 애플Michael
Apple, 지루Hnery Giroux, 그리고 맥라렌Peter McLaren과 같은 저자
들의 작업을 통해 북아메리카에 등장했다. 교육에 대한, 그리
고 교육을 위한 비판이론으로서, 이러한 형태의 비판교육학의
해방적 관심은 '탈신화화'와 '독단주의로부터의 해방'을 가져
오기 위해 억압적 구조, 실천, 그리고 이론의 분석에 초점을 두
었다(Mollenhauer 1976[1968], p. 67; McLaren 1997, p. 218).

해방의 근대적 논리와 모순

이러한 사유로부터 등장한 해방의 개념은 해방을 권력의 억압
적 작동으로부터 자유로워지는 것으로 이해한다. 그리하여 해

방의 과정에서 결정적인 단계는 권력의 작동을 폭로하는 것, 즉 탈신화화로 구성된다. 왜냐하면 권력이 어떻게 작동하고 그것이 우리에게 어떻게 영향을 미치는지 깨달을 때에만 우리는 우리 자신과 다른 사람들을 권력으로부터 해방시킬 수 있다고 가정되기 때문이다. 이는 비판적이고 해방적인 교육학에 결정적인 영향을 미쳤는데, 마르크스주의 전통이 여기에 덧붙인 것은 **이데올로기** 개념이다(Eagleton 2007 참조). 이데올로기라는 관념에 포함된 핵심적 통찰 중의 하나는 모든 사상이 사회적으로 결정된다는 사실뿐만이 아니라, 보다 중요한 것으로서 이데올로기는 바로 '이 결정을 **부정하는**'(Eagleton 2007, p. 89) 개념이라는 점이다. 이 후자의 주장은 엥겔스Friedrich Engels의 허위의식 개념과 연결되어 있다. 허위의식이라는 것은 "행위자의 진짜 동기는 그 자신에게 알려지지 않는다"라는 생각을 담고 있다(Engels 2007, p. 89).

이데올로기의 난제는 권력이 우리의 의식에 작동하는 바로 그 방식 때문에 우리 자신의 의식에 영향을 미치는 권력의 작용 방식을 우리가 볼 수 없다는 주장에 있다. 이것은 권력의 작동으로부터 자유로워지기 위해서는 우리 스스로가 우리 의식에 작동하는 권력의 방식에 노출될 필요가 있다는 것을 함의

한다. 그리고 해방의 성취를 위해서는, 아직 권력의 작동에 종속되지 않은 **다른 사람이** 우리 자신이 처한 객관적 조건에 대해 설명할 필요가 있다는 것을 함의한다. 이러한 생각에 따르면, 해방은 궁극적으로 우리가 처한 객관적 조건에 대한 진리의 여부에 달려있다. 이 진리는 이데올로기의 영향 **밖에** 위치하고 있는 사람에 의해서만 발견될 수 있는 것이다. 마르크스주의 전통에서 이러한 위치는 과학이나 철학이 차지하는 것으로 여겨진다. 이러한 노선의 사유는 우리에게 특수한 논리의 해방 개념, 즉 해방은 억압적 권력 구조나 과정으로부터의 자유라는 개념을 제공할 뿐만 아니라, 앞서 언급한 것처럼 '탈신화화'와 '독단주의로부터의 해방' 행위를 통해 그러한 해방을 추구하는 특수한 논리의 해방교육 개념을 제공한다.

근대적 논리의 해방에 핵심적인 것은 해방이 외부의 개입, 즉 스스로 권력에 종속되지 않는 이미 해방된 자에 의한 특별한 개입을 요구한다는 개념이다. 이 개입은 탈신화화의 형식, 즉 해방될 자들에게 그들의 객관적 조건이 어떠한지를 알려주는 탈신화화의 형식을 취한다. 이것은 단지 해방을 그 사람**에게** 행해지는 무언가로 간주하게 할 뿐만 아니라, 해방 자체가 해방된 자와 해방될 자 간의 가정된 불평등에 기초한다는 것을 드러낸다. 이 불평등은 해방이 성취될 때인 미래에 비로소 해소되는 것이다. 해방의 근내적 논리에 대한 이러한 묘사에서 특정 교육학pedagogy을 인식하는 것은 그렇게 어렵지 않다. 이 교육학에서 교사는 학생이 처한 객관적 조건에 대해 알고 있고, 그리하여 학생이 궁극적으로 교사와 같이 되리라는 기대, 보다 정확히 말하자면 학생이 자신의 객관적 조건에 대한 무지한 상황에서 벗어나 지식과 이해의 상황으로 전환되리라는 기대를 가지고 있다. 이를 위해 그 조건을 학생에게 설명하는 것은 교사의 일이다. 이때 학생이 획득하게 되는 지식과 이해는 교사가 이미 소유하고 있던 것과 유사한 것이다. 이러한 상황은 이제 평등한 상황으로 묘사된다.

다른 곳에서 보다 상세하게 논의해온 것처럼(Biesta 2010b, 2014), 근대적 논리의 해방은 문제가 없지도 않고 모순도 있다. 한 가지 문제는 해방이 해방될 자의 자유를 목적으로 하더라도, 실제 해방은 해방의 행위 바로 그 중심에 의존성을 심어둔다는 점이다. 결국 해방될 자는 자신의 자유를 얻기 위해 해방된 자의 강한 개입에 의존하는 것이다. 이 장의 논의에서 보다 중요하게 지적되어야 할 것은, 해방된 자가 해방될 자의 객관적 조건에 대한 지식, 본인만 소유하고 있는 것으로 가정되는 그 지식에 기초한다는 점이다. 해방이 '도래하기' 전에 지식은 해방될 자로부터 숨겨져 있다. 이것은 근대적 논리의 해방이 해방될 자의 경험에 대한 불신으로부터 교육을 시작한다는 것을 말한다. 우리 자신이 보거나 느끼는 것을 우리 스스로 신뢰할 수 없고 무엇이 진짜인지를 알려줄 다른 사람을 필요로 한다는 것을 암시한다.

고전적 마르크스주의에서 철학자는 모든 것을 아는 자의 입장에 있는 것으로 여겨졌다. 우리 시대에 이 자리를 차지하는 것은 자주 심리학과 사회학이다. 이 학문들은 우리 머릿속에서(요즘음의 표현으로, 우리 두뇌 속에서), 그리고 우리 사회 안에서, 진짜로 일어나고 있는 일들을 드러낼 수 있다고 주장한다. 이러한 해방의 논리는 "사물의 불명확성의 베일을 벗겨줄" 사람, "모호한 깊이를 분명한 표면으로 끌어올리고, 반대로 표면의 잘못된 모습을 이성의 비밀스런 깊이로 되돌릴 사람"(Ranciere 2010, p. 4)을 필요로 한다는 것을 드러냄으로써, 랑시에르는 여기서 일어나고 있는 일을 잘 포착했다. 우리는 이러한 근대적 논리의 해방을 재빨리 거부해서는 안 된다. 최소한 이 논리가 다루고자 하는 특수한 사안 및 이 논리가 시도했던 특수한 '사고의 틀'을 이해하려고 노력해야 한다. 그럼에도 불구하고 해방에의 야망과, 그것이 우리 머릿속과 삶 속에서 진짜로 일어나고 있는 것을 말해줄 사람을 필요로 한다는 주장 간에는 분명한 긴장이 있고, 이 긴장이야 말로 근대적 논리의 해방이 특별히 교육적으로 연출될 때, 왜 우리에게 직접적으로 "권한을 주는 것으로 느껴지지" 않는지 설명해 줄 것이다.

프레이리, 해방, 그리고 피억압자들의 교육학

근대적 논리의 해방이 지닌 모순은 프레이리가 '은행저금식 교육'이라고 불렀던 것을 강하게 상기시킨다. 이것은 학생을 "교사에 의해 **채워져야 할 용기**로" 만드는 교육의 양태이다. 즉, 교육은 교사가 "예금하는 행위를 하는 것으로 학생은 예금보관소이며, 교사는 예금하는 자이다"(Freire 1993, p. 53). 은행저금식 교육이 근대적 논리의 해방에 핵심적인 것으로 보인다면, 프레이리 자신의 개념은 은행저금식 교육과 어떻게 다른지 물어보는 것은 매우 흥미롭다. 이 질문은 근대 비판교육학의 '고전'의 자리에 있는 프레이리의 위치를 생각할 때 특별히 중요한 질문이다(Lankshear & McLaren 1994 참조). 이 둘의 핵심적인 차이는 억압에 대한 프레이리의 이해와 관련이 있다. 즉, 우리가 벗어나고 해방될 필요가 있는 억압을 프레이리는 어떻게 이해하는가 하는 것이다.

프레이리에게 억압은 한 사람이나 집단이 또 다른 사람이나 집단에 권력을 발휘하는 문제가 아니라 **소외**의 상황에 대한 것이다. 소외가 비록 한 사람이나 집단이 또 다른 사람이나 집단에게 부당하게 권력을 행사한 결과이기는 하지만, 그러한 부당한 권력의 행사가 프레이리가 극복하고자 하는 종류의 억압을 구성하지는 않는다. 오히려 그는 억압을 **우리로 하여금 인간이 되는 것을 막는** 상황으로 규정한다. 혹은 우리가 "보다 완전하게 인간"이 되는 것을 막는 상황이라고 표현하기도 한다 (Freire 1993, p. 39). 이것은 프레이리가 해방을 **인간화**, 즉 더 완전하게 인간이 되는 과정으로 특징짓는다는 것을 설명한다. 또한 프레이리가 왜 단순히 피억압자를 억압자들의 권력으로부터 해방시키는 것이 아니라, 억압자와 피억압자 **모두를** 억압자와 피억압자라는 연결된 정체성의 진실되지 못하고 소외된 존재 방식으로부터 해방시켜 "책임 있는 주체Subject로서 역사적인 과정으로 들어갈 수 있게" 하는가를 설명한다(Freire 1993, p. 18). 프레이리의 페다고지는 강력한 개입을 통해 단순히 피억압자들을 자유롭게 하는 피억압자들을 **위한** 교육학이 아니라, 피억압자들에 **의한** 교육학이다. 프레이리는 피억압자의 "위대한 인간주의적이고 역사적 과업은 자신들과 그들의 억압자들을 모두 해방시키는 것"이라고 반복해서 말한다(Freire 1993, p. 26).[4]

프레이리에 따르면, 우리가 진정으로 존재한다는 것은 다른 사람의 행위의 대상으로서 존재하는 것이 아니라 우리 자신의 행위의 주체로서 존재하는 것이다. 그리하여 진정한 존재는 자유의 문제이다. 그러나 프레이리에게 자유는 단지 원하는 것을 그냥 하는 것이 아니라 자율성과 책임감을 모두 포괄한다(Freire 1993, p. 29; Lewis 2012, pp. 82-86). 더욱이 대상이 아니라 주체로서의 존재는 순전히 나 자신을 위해 나 자신과 함께 존재한다는 것을 의미하는 것이 아니다. 프레이리는 "세계와 인간은 서로 분리되어 존재하는 것이 아니라 지속적인 상호작용 속에 존재한다"고 강조한다(Freire 1993, p. 32). 프레이리에 있어 인간 주체와 세계 간의 상호작용에는 행위와 성찰이 모두 필

---

4 프레이리에 대한 섬세한 독해에서 루이스(Lewis 2012)는 프레이리 작업의 이 특수한 측면을 덜 중요하게 다루는 것같이 보인다. 그리고 그는 프레이리를 신마르크스주의에 가까운 것으로 이해한다. 신마르크스주의에서는 억압을 피억압자에 대하여 억압자가 부당한 권력을 휘두르는 것으로 이해한다. 그리하여 이들에게 주요 해방적 '행위'는 탈신화화의 행위이다(예를 들어 Lewis(2012, p. 104) 참조). 이 장에서 내가 주장한 것처럼, 비록 탈신화화는 프레이리의 해방교육 개념에서 모종의 역할을 하지만, 그에게 해방의 기본적 논리는 억압적 권력의 극복이 아니라 소외를 극복한다는 관점에서 규정된다.

요하다. "세계의 변화를 위한 남성과 여성의 행위와 성찰"을 프레이리는 **프락시스**praxis라고 부른다(Freire 1993, p. 60). 그리하여 프락시스는 주체로서의 진정한 존재를 특징짓고, 자신들의 소외된 존재 방식을 극복한 **이후** "피억압자들의 새로운 존재의 근거"가 된다(Freire 1993, p. 48).

억압을 소외로서 이해하기 때문에 은행저금식 교육에 대한 프레이리의 비판은 결여를 바탕으로 한 학습 개념에 의해 규정되는 지식 전달로서의 교육 개념에 대한 흔한 불평과는 다르다. 프레이리에 따르면, 은행저금식 교육은 "단어의 구체성이 사라지고, 내용이 없고, 스스로 소외되고, 타자를 소외시키는 장황함으로 변하여" 진정한 이해가 아니라 암기라는 표면적 형태의 학습을 이끈다(Freire 1993, p. 52). 그러나 이러한 그의 비판은, 은행저금식 교육이 잘못된 학습 이론에 기대고 있기에 학생을 수동적 수용자가 아니라 능동적 구성자가 되도록 한다면 모든 문제가 해결될 것이라고 주장하는 것은 아니다. 오히려 그는 은행저금식 교육에서 학생은 자신의 방식을 갖는 인간 주체가 아니라 교사가 하는 행위의 대상으로만 등장할 수 있다는 보다 심오한 논점을 암시한다. 은행저금식 교육에서 "교사는 학습 과정의 주체Subject이지만 학생은 단지 대상이라는" 것이다(Freire 1993, p. 54). 그리하여 해방교육은 '교사-학생 간의 모순'을 제기하면서 시작할 필요가 있다. 그리고 프레이리는 해방이란 "모순의 두 극단을 조정하여 교사와 학생 모두가 동시에 교사**이면서** 학생이 될 때만 가능하다"고 주장한다(Freire 1993, p. 53).

프레이리의 피억압자의 교육학에서 교사의 역할

그리하여 근대적 논리의 해방 개념이 지니는 문제에 대한 프레이리의 대응은 교사의 종말을 예고하는 것이다. 결국 은행저금식 교육을 특징짓는 교사와 학생 간의 모순을 극복하기 위해 교사와 학생 모두 상호 억압적이고 비인간적으로 만드는 관계를 유지시키는 정체성을 포기할 필요가 있다. 대신 이들은 프레이리가 **대화**라고 부르는 관계에 참여해야 한다.

대화를 통해 학생의 교사와 교사의 학생은 사라지고, 교사-학생과 학생-교사라는 새로운 용어가 등장한다. 교사는 더이상 단지 가르치는 사람이 아니라 스스로 학생들과의 대화 속에서 배우는 사람이고, 학생도 배우면서 가르치는 사람이다. 그들은 모두 성장하는 과정을 같이 책임진다(Freire 1993, p. 61).

여기서 프레이리는 은행저금식 교육에 내재한 억압적인 교사-학생 관계를, 지식의 협력적 생산에 참여하는 공동 학습의 과정으로 전환시킴으로써 그 모순을 해소시킨다고 말할 수 있다. 그러나 프레이리 용어로 보다 정확하게 말하면, 은행저금식 교육이 변형되어 공동의 **프락시스**, 즉 이전의 억압자나 피억업자 모두를 진정한 인간적 존재로 만드는 교육으로 나아간다는 것이다. 교사는 지식을 가진 사람이고 학생은 단지 이러한 교사가 말하는 내용을 암기하는 그런 상황이 더이상 아니다. 대신 둘 다 '동료의식과 연대의식' 속에서 탐구라는 집단적 행위에 참여하며 모두의 "인간화를 향해" 있다(Freire 1993, p. 66).

프레이리의 손에서 교사는 동료-탐구자, 즉 항상 학생과 함께 하며 변형적 행위-성찰을 하는 프락시스에 참여하는 사람으로 전환된다. 여기서 교사는 더이상 지식을 대상에 예치하는 주체가 아니라 다른 주체와 **함께** 하는 주체이다. 하나의 동일한 움직임으로 학생들은 "유순한 청자"이기를 멈추고 "교사와 대화하는 비판적 공동탐구자"가 된다(Freire 1993, p. 62). 이상황에서 프레이리는 "그 누구도 다른 사람을 가르치지 않고, 그 누구도 혼자 학습하지 않는다"고 말한다(Freire 1993, p. 61).

이러한 수준에서 은행저금식 교육의 교사는 사라지고 동료 탐구자로서 교사가 등장한다. 그러나 이것이 프레이리 저서에 등장하는 교사의 유일한 모습은 아니라는 점을 인정하는 것이 중요하다. 그의 저서에는 최소한 두 가지 이상의 '교사관'이 나타난다. 이것은 상이한 교사 정체성이 어떻게 서로 화해할 수 있는가와 같은 흥미로운 질문을 제기한다. 여기서 핵심은 다른 주체들과 함께 프락시스에 참여하는 주체로서, 즉 동료-탐구자로서의 교사 모습은 교사와 학생 간의 모순 관계가 **해소된 후**의 상황을 묘사한다는 점이다. 다시 말해, 소외 극복 **이후**의 상황을 묘사한다. 그러나 해방교육에서 중요한 질문은 교사와 학생 간의 관계적 모순이 해소된 상황이 어떤 것인가가 아니라 **우리가 그 상황에 어떻게 도달할 수 있는가**, 혹은 교사가 그 상황으로 가는 데에 도대체 어떤 역할을 하는가이다.

이 질문에 관하여 프레이리가 반복적으로 주장하는 첫 번째 논점은, 억압은 은행저금식 교육을 통해서는 극복될 수 없다는 것이다. "피억압자의 교육학은 억압자들에 의해 발전되거나 실천될 수 없다"(Freire 1993, p. 36). 예를 들어 '허위 관용'이나 '선의의 가부장주의'의 형태를 취할 수 있는 억압자의 제스처는 "그 자체가 억압을 유지하고 체현하기 때문이다"(p. 36). 이것을 통해 우리는 프레이리가 근대적 논리의 해방 및 그것이 교육적 맥락에서 작동하는 방식의 모순을 잘 인식하고 있었다는 것을 알 수 있다. 그리고 이것은 프레이리가 피억압자와 억압자 모두의 해방이라는 "중대한 인간주의적이고 역사적인 과업"이 피억압자들 앞에 놓여있고, 그러므로 그들과 함께 할 필요가 있다고 주장한 이유이기도 하다(p. 26).

그러나 프레이리는 바로 이어서, "해방교육을 수행하려면 정치적 권력이 필요하고 피억업자가 그 정치권력이 없다면", 피억압자는 "혁명 이전에" 어떻게 해방교육을 수행할 수 있는가라는 문제를 제기한다(Freire 1993, p. 36). 이 문제에 대한 프레이리의 대답은 두 가지이다. 먼저 그는 '자유주의적 교육학' 내에 존재하는 두 단계를 구분한다. 첫 번째 단계에서 피억압자는 "억압의 세계를 폭로하고 실천을 통해 그것의 변혁에 헌신한다". 두 번째 단계에서 "억압의 현실은 이미 변혁되어 그 결과 이 교육학은 더이상 피억압자에 속하지 않고 지속적인 해방의 과정 속에 있는 모든 이를 위한 교육학이 된다"(p. 36).

첫 번째 단계의 교육학은 또 다른 문제를 다루어야만 하는데, 여기에 프레이리가 우리에게 주는 두 번째 답이 있다. 그것은 바로 '억압된 의식의 문제'이다(Freire 1993, p. 37). 억압의 관계에 의해 형성된 의식은 극복되어야 한다. 물론 프레이리는 "피억압자라고 하더라도 자신이 탄압받고 있음을 필연적으로 의식하지 못하는 것은 아니다"라고 강조하는 한편, "그럼에도 불구하고 억압적 현실에의 오랜 굴종에 의해 피억압자들은 스스로를 억압된 자로 지각하지 못하는 경향이 있다"고 말한다(p. 27). "억압적 현실에 깊이 매몰된 채, 피억압자들은 억압자의 이미지를 내면화하면서 그들의 이익에 봉사하는 '질서'를 명확하게 지각할 수 없다"고 프레이리는 말한다(p. 44).

'혁명적 지도자'로서 교사

그러면 이 상황을 어떻게 바꿀 수 있을까? 이것은 아마도 프레이리의 이론 중 가장 민감하고 섬세한 측면의 문제일 것이다. 왜냐하면 프레이리는 한편으로 피억압자가 자신의 역사의 주체가 되도록 가르침을 받아야 한다는 생각에 저항하고 싶기 때문이다.[5] 다른 한편으로는 "피억압자의 의식은 스스로를 역사의 주체로 바라보기 어렵기 때문에 그들은 어떤 방식으로든 보다 완전한 인간이 되는 존재론적이고 역사적인 사명에 참여하도록 '자극될' 필요가 있다"(Freire 1993, p. 48). "성찰, 진정한 성찰은 행위를 이끌어, 이것이 단순히 '탁상공론식의 혁명'의 문제가 되지 않도록 한다"는 가정에 기초하여, 피억압자들로

---

5 이것은 정확히 랑시에르가 거의 문제삼지 않는 지점이라고 말할 수 있을지 모른다.

하여금 "자신들의 구체적 상황에 대한 성찰에 참여하도록 자극할 필요가" 있다는 것이다(p. 48).[6]

프레이리는 여기에 두 가지 논점을 추가한다. 첫째, "행위는 그것의 결과가 비판적 성찰의 대상이 되는" 한에서, 즉 '비판적 의식'을 초래하는 한에서, 진정한 프락시스를 구성할 것이다(Freire 1993, p. 48). 둘째, 자극을 주는 이들에게 특수한 이름이 부여되는데, 프레이리는 그들을 '혁명적 지도자'로 부른다(Freire 1993, p. 49). 그러나 지도자는 피억압자를 억압으로부터 벗어나도록 이끄는 자가 아니라, 피억압자 옆에서 변혁적 행위-성찰, 즉 프락시스에 참여하는 자로 묘사된다. 이것이 바로 "혁명적 지도자는 **공동 의도**의 교육을 실천해야만 한다"고 프레이리가 말하는 이유이다. 여기서 '교사와 학생(지도자와 민중)'은 현실에 대해 공동의 의도를 가지고 있는 두 주체Subjects로서 두 가지 과업에 참여하도록 되어 있다. 먼저, 현실을 드러내는 과업, 즉 현실에 대해 비판적으로 알게 되는 과업이다. 둘째, 현실의 '영원한 재창조자'로서 스스로를 발견하는 과정으

---

6 바로 여기서 프레이리는 허위의식이라는 아이디어에 더 가깝게 다가가고, 그리하여 신마르크스주의적 비판이론에 더 가까운 해석의 억압 개념에 다가가지만, 이 지점에서 그의 '해결책'은 설명으로 되돌아가는 것이 아니라 (프레이리의 어휘로는 공동적 지향으로서) 연대적 행위에 기대는 것이다.

로 현실에 대한 지식을 새롭게 만들어 내어 그들 자신의 역사의 주체가 되는 과업인 것이다(Freire 1993, p. 51).

'혁명적 지도자'라는 개념에서 우리는 프레이리의 사상 속에 작동하고 있는 교사의 또 다른 모습을 발견한다. 그것은 피억압자로 하여금 자신의 환상으로부터 자유로워지도록 하는 강력한 행위를 하는 교사가 아닌, 단순히 이들의 **프락시스를 자극하는 이로서의** 교사 모습이다. 이것은 세계 속에서 인간적 방식으로 존재하는 것을 특징짓는 바로 그 변형적 행위-성찰을 일종의 간접적 보호의 방식으로(boot-strapping) 이들을 자극하는 교사의 모습이다. '혁명적 지도자'는 혁명 **이후** 학생-교사와 일하는 교사-학생에 가깝지만, 혁명 이전의 교사의 작업은 최소한 그 지향성에서 다르다. 왜냐하면 피억압자로 하여금 변형적 행위-성찰에 **참여하도록 하는 것**을 목적으로 하기 때문이다. 프레이리는 문제제기식 교육에 대한 논의에서 피억압자의 프락시스에의 참여가 어떻게 수행될 수 있을지 자세하게 묘사한다(Freire 1993, 4장 참조).

이러한 방식으로 프레이리는 일방향의 은행저금식 교육으로 되돌아가지 않는 해방적 형태의 교수방법의 흥미로운 사례를 제공한다. 그러나 다른 한편, 프레이리 저술에는 또 다른 수

준의 논의로 세 번째 교사관이 제시된다. 그리고 여기서 프레이리는 은행저금식 교육이 사라진 해방교육의 문제를 해결하는 데 그리 성공적이지 않다. 이것은 『피억압자의 교육학 *Pedagogy of the Oppressed*』이라는 저서에서 프레이리 자신이 교사로서 어떻게 작동하는지 인정할 때 눈에 들어오는 관점이다. 이것은 다른 교사들에게 무엇을 해야 하고 무엇을 하지 말아야 하는지를 말할 때, 혹은 인간의 진정한 본성에 대해 강한 주장을 표현할 때, 그것을 통해서 표현되는 교사관이기도 한다. 결국 프레이리는 인간으로서 우리가 '보다 완전한 인간'이 되는 것을 방해받을 때, 그 상황을 억압으로 규정한다. 그리하여 소외를 극복한다는 것은 보다 완전하게 인간적으로 존재하는 것, 혹은 자기 자신의 역사에 책임 있는 주체가 되는 것에 가까워지는 것을 의미한다. 인간이 된다는 것이 무엇을 의미하는지에 대한 프레이리의 묘사는 전적으로 근거가 없지는 않지만, 그럼에도 불구하고 인간이 된다는 것의 의미의 한 가지 특수한 비전일 뿐이다. 그리하여 그의 비전은 인간이라면 누구나가 추구해야만 하는 것이라고 모든 이들이 수용하거나 인정하지는 않을 것이다.

억압의 논리에 대한 프레이리의 비판은 독창적이고 중요하다. 특히 프레이리가 이 아이디어를 사용하고 발전시키는 방식에서 은행저금식 교육이라는 은유는, 학생들이 대상으로만 나타날 수 있는 일방향적 교육실천을 비판하는 데 강력한 참조점이 된다. 그러나 프레이리 자신이 저서를 통해 교사로서 등장하는 방식은 그가 믿는 것보다 더 은행저금식 모형의 해방교육에 가깝다. '무지한 스승'으로서 조셉 자코토에 대한 랑시에르의 설명은 근대적 논리의 해방 및 해방교육의 모순에 대한 또 다른 비판이다. 이 비판에서 랑시에르의 설명은 프레이리의 설명과 명료하게 차별화된다.

랑시에르, 자코토, 그리고 무지한 스승

『무지한 스승: 지적 해방에서의 다섯 가지 교육*The Ignorant Schoolmaster: Five Lessons in Intellectual Emancipation*』(Ranciere 1991)에서 랑시에르는 프랑스어 교사 조셉 자코토(1770-1840)의 이야기를 소개한다. 자코토는 19세기 초 벨기에에서 망명하던 중, 스스로가 '보편적 가르침'이라는 교육적 접근법을 개발했다. 자코토의 접근법은 프랑스어를 모르는 플랑드르 학생들에게 프랑스어를 가르치도록 요청받았을 때 발견한 것에서 비롯되었다. 이 상황의 독특한 점은 "교사로서 학생들이 원하는 것을 가르칠 수 있는 언어가 없었다"는 점이다(Ranciere 1991, p. 1). 그럼에도 불구하고 그의 학생들은 프랑스어로 말하기와 쓰기를 배웠다. 이중 언어로 쓰여진 페네롱Fénelon의 소설『텔레마코스Télémaque』를 공부하며 성취한 것이다.

자코토의 사례에 대한 랑시에르의 탐구는 두 가지 이유로 흥미로운데, 이 두 가지 모두 프레이리에 대한 논의와 연결되어 있다. 첫째, 자코토와 그의 학생들은 동일한 언어를 공유하지 않았다는 점이다. 그리하여 자코토는 학생들의 마음에 어떤 내용도 예치시킬 수 없었다. 다시 말하면 은행저금식 교육의 가능성이 아예 시작부터 없었다. 그러나 지식 전달의 관점에서 자코토는 학생들에게 어떤 것도 가르칠 수 없었지만, 랑시에르는 이것이 곧 자코토의 학생들이 교사 없이 배웠다는 것을 의미하는 것이 아니라고 주장한다. 자코토는 비록 무지한 스승이긴 했지만 **가르쳤고** 교사로서 **행위**했다(아래 참조). 그리고 랑시에르의 해석에 따르면,[7] 자코토야말로 프레이리

---

7 이것은 중요한 논점이다. 왜냐하면『무지한 스승』의 많은 독자들은 랑시에르가 단순히 자코토의 이론에 대한 묘사를 제공하고 또 단순히 그 이론을 승인했다고 가정하는 것 같이 보이기 때문이다. 자코토의 이야기가 어디서 끝나고 랑시에르의 이야기가 어디서 시작하는지 때때로 알기는 어렵지만, 그럼에도 불구하고 그 두 사람 간에 결정적인 구분이 있다고 보고, 자코토의 이야기를 '통해' 주장하고자 하는 랑시에르의 논변에 초점을 두는 방식으로『무지한 스승』에 대한 독해를 제공하고 싶다. 물론 자코토의 아

④ '무지한 스승'에 속지 않기

적 '교사-학생의 모순'을 극복하는 방법을 제공하였으며 이는 정확히 무지한 스승과의 관계를 통해서라고 할 수 있다. 여기서 교사-학생 관계의 모순은 프레이리의 경우에서처럼 결코 교사 존재의 소멸이라는 결과로 **나아가지 않는다**. 이제 이것이 어떻게 성취되는지 설명해 보자.

프레이리가 **은행저금**의 과정으로서 교육에 비판의 초점을 두었다면, 랑시에르는 약간 다른 타겟에, 즉 (교사의) **설명**의 역할에 비판의 초점을 두었다. 랑시에르는 교육의 맥락에서 설명은 "그 자체로 불평등의 상황을 줄이는 수단으로 제공되며, 이때 불평등의 상황이란 아무것도 모르는 이들이 뭔가를 아는 이들과의 관계 속에 있다는 점을 가리킨다"(Ranciere 2010, p. 3)고 주장한다. 교사가 학생들에게 어떤 것을 설명할 때, 그는 학생들에게 이들이 아직 소유하지 않은 지식과 이해를 제공하려는 의도를 가지고 있다. 이러한 의미에서 뭔가를 아는 교사와 그것을 **아직** 모르는 학생들 간의 불평등을 극복하는 방식으로서 설명은 합당한 것 같이 보인다.

그러나 교사로부터 학생에게 전수되고 있는 내용의 관점에

이디어들 자체를 언급하는 것은 충분히 합법적이다. 그러나 그러한 경우에 『무지한 스승』은 이를 위한 믿을 만한 자료는 아니라고 말할 수 있고, 독자는 오히려 자코토 자신의 글을 직접 찾아 읽어보아야만 한다.

서 보자면 이것이 사실이지만, 설명의 행위 자체가 수행되는 방식은 내용과는 다른 무엇을 전달한다고 랑시에르는 덧붙인다. 즉, 설명이 학습과 이해에 **필수불가결하다**는 생각, 학생은 (교사의) 설명 **없이는** 이해에 도달**할 수 없다**는 생각이 전달된다는 것이다. 이것이 바로 다음에서 지적되는 핵심 논지이다. "누군가에서 무언가를 설명한다는 것은 그에게 스스로 이해할 수 없다는 것을 보여주는 것이다"(Ranciere 1991, p. 6). 설명한다는 것은 "무능력을 **예시해 보이는 것**"이다(Ranciere 1991, p. 3, 강조는 저자의 것). 설명하기는 교육을 **해방**의 과정이 아니라 랑시에르가 말하는 **바보만들기** 과정으로 만든다. 즉 학생들을 '제자리에' 머물게 하여 말 그대로 어리석고 자기 목소리가 없는 상태로 만든다.

그리하여 랑시에르는 설명이야말로 교사와 학생 간의 불평등을 실제로 실행하고, 어떤 의미로는 최초로 시작하고 또 이를 지속적으로 확인하는 것이라고 말한다. 이러한 설정 속에서 학생은 설명을 **필요로** 하는 존재라기보다는, 설명의 행위자체가 학생을 설명 **없이는**, 즉 설명하는 스승의 개입 **없이는** 배우지 못하는 존재로 만든다고 볼 수 있다. 그리하여 이렇게 개념화되는 학생은 실제로 '설명적 질서'의 조건이 아니라 그

산물이라는 결론에 이른다(Ranciere 1991, p. 4). 설명적 질서는 랑시에르가 '교육학의 신화'로 부르는 것에 기초한다. 그리고 이 신화는 "아는 자와 모르는 자, 유능한 자와 무능한 자, 지적인 자와 어리석은 자로 나누는 세계의 비유"이다(p. 6). 여기서 설명하는 자의 "특별한 속임수"는 "이중적인 시작의 제스처"로 구성된다(p. 6).

한편으로 그는 절대적 시작을 선언한다. 학습의 행위가 시작되는 것은 오직 지금이다. 다른 한편으로, 배워야 할 모든 것에 무지의 베일을 씌움으로써 그는 그 베일을 벗기는 과업에 자신을 임명한다(Ranciere 1991, pp. 6-7).

이러한 가르침 이면에 있는 본래 의도는 일반적으로 찬사를 보낼만한 것이다. "교사는 그의 지식을 학생에게 전달하여, 정도의 차이는 있지만 자신의 전문적 수준으로 학생들을 끌어올리는 것을 목표로 하기 때문이다"(Ranciere 1991, p. 3). "학생이 혼자서는 이해할 수 없는 것의 베일을 기계적으로 벗기는" 교사의 '기술'은 "그 학생이 언젠가 교사와 동등하게 될 것을 약속하는 기술"이다(Ranciere 2010, p. 5). 그러나 이 약속이 한 번이라도 실현될 것인가? 설명의 고리로부터 벗어나는 것이 도대체 가능할 것인가? 설명의 궤도를 따라가기 시작하자마자 우리는 영원히 거기에 머물러 항상 설명자가 이미 이해한 것을 따라잡거나 이해하려고 애쓴다. 그러나 이해하기 위해 항상 설명자의 설명이 필요한 경우로 전락하지 않을까? 이렇게 보았을 때 설명은 "실제로 어떤 목적에 다다르는 실제적 수단과는 완전히 다른 것"으로, 오히려 목적 그 자체로 보인다. 설명은 "기본적으로 자명한 이치, 즉 불평등의 원리를 무한히 입증하는 것"(Ranciere 2010, p. 3)이다.

랑시에르의 해방하는 교사

여기서 제기될 수 있는 질문은 "설명자에게 의존하는" 무력감의 고리로부터 학생이 떨어져 나올 수 있을 것인가이다 (Ranicere 1991, p. 15). 랑시에르는 가능할 것이라고 암시하지만, 이것은 보다 '정교'하거나 보다 '진보적인' 형태의 설명을 통해서가 아니다. 여기서 랑시에르가 제시하는 해방의 길은 학생이 처해있는 객관적 조건에 대한 설명을 통해서 가능하다는 근대적 해방교육의 논리에서 분명하게 벗어난다. 그는 다음과 같이 말한다.

'바보만들기'와 '해방'의 차이는 교수적 방법의 차이가 아니다. 그것은 전통적이거나 권위주의적인 방법과 새롭고 능동적 방법 간의 차이가 아니다. 바보만들기는 모든 종류의 능동적이고 근대적인 방법에서도 일어나는 것이다(Ranciere 2010, p. 6).

그리하여 이 논의에 등장하는 보다 근본적인 질문은 **설명 없이** 가르치는 것이 가능한가라는 것이다. 자코토의 사례가 적합한 것은 바로 여기에서인데, 왜냐하면 그것은 이에 대한 정확한 예를 제공하기 때문이다.

그러나 자코토의 '사례'가 특별히 중요한 이유는 교사가 완전히 사라져야 한다거나 교육이 집단적 학습 혹은 협력적 탐구로 변해야 한다고 암시하지 않기 때문이다. 그리고 바로 여기에 프레이리와 랑시에르 간의 차이가 존재한다. 오히려 그 사례는 '**설명하는** 교사 없이도'(Ranciere 1991, p. 12) 학생이 배웠다는 교육적 역동성의 사례를 제공한다. 랑시에르는 이를 다음과 같이 요약한다. "자코토는 그들에게 무엇인가를 가르쳤지만 그는 그들에게 아무것도 전달하지 않았다"(p. 13). 여기서 중요한 교육적 역동성이라는 것은 교사의 (우월한) 지식에 더이상 의존하지 않기 때문에 가르침을 의사소통과 분리할 수 있게 된 것이 랑시에르 논의에서 핵심이며, 이것은 무지한 스승이라는 개념을 이해하는 한 가지 방식을 제공한다. 그러면 무지한 스승은 어떤 방식으로 가르침에 관여하는가?

랑시에르는 여기서의 중요한 전환을 지능과 의지 사이의 구분을 가지고 묘사한다. 자코토가 한 것은 학생의 지능을 자신의 지능으로 대체시킨 것이 아니라, 학생들이 그들 자신의 지능을 사용하도록 **호출한**summon 것이다. 그리하여 자코토와 학생들 간의 관계는 지능 대 지능의 관계가 아니라 '의지 대 의지'의 관계가 된다(Ranciere 1991, p. 13). 또한 바보만들기가 하나의 지능이 다른 지능에 종속될 때마다 일어나는 것이라면, 해방은 "의지가 다른 의지에 복종할 동안에도"(p. 13), 지능이 자기 자신에게만 복종할 때 일어난다고 랑시에르는 말한다. 여기서 등장하는 해방교육 개념의 핵심은 랑시에르가 '스스로 지능'을 드러내는 행위라고 설명하는 것이다(p. 28).[8]

자신의 지능을 사용하도록 호출되었을 때 학생이 택하는 길은 우리에게 알려져 있지 않지만, 그가 피할 수 없는 것은 '자

---

8 이것을 계시의 행위로 언급하는 것은 약간 오해의 소지를 만든다. 랑시에르의 해방의 논리를 설명의 논리로 축소시키기 때문이다. 아래에서 나는 해방적 가르침에 대한 하나의 다른 정식화, 그러나 내 견해에 따르면 보다 정확한 정식화를 제공한다. 해방적 가르침의 행위는 교사-설명자의 도움 없이는 스스로 배울 수 없다고 주장하며 만족감을 드러내는 학생을 금지하는 행위로 나타난다.

신의 자유의 행사'라고 랑시에르는 강조한다(Ranciere 1991, p. 23).[9] 이것이 바로 그가 교사에게는 오직 두 가지 '기본적인 행위'만이 있다고 결론짓는 이유이다. "교사는 **질문한다**. 그는 (학생에게) 말을, 즉 (학생이) 스스로 인식하지 못했던, 혹은 스스로 포기했던 지능의 표현을 요청한다. 그리고 교사는 (학생에 의해) 실행된 지능의 작업을 주의력 깊게 **검증한다**"(p. 29, 괄호 속 어구는 역자의 것, 강조는 저자의 것). 여기서 검증되는 것은 지능 사용의 **결과**가 아니라 오직 지능의 **사용**으로서, 지능의 '작업'이 주의력 있게 실행되었는지 여부이다. 왜냐하면 사용의 결과에 초점을 두는 것은 그 과정을 설명의 과정으로 되돌리기 때문이다. 랑시에르는 교사의 이 질문 과정이 소크라테스의 방식으로 이해되어서는 안된다고 강조한다. 소크라테스의 방식에서 질문의 목적은, 교사가 이미 알고 있는 것으로 학생을 이끄

---

9 루이스(Lewis 2012)는 프레이리와 랑시에르를 다음과 같이 비교한다. 프레이리는 평등이라는 질문에 거의 주목하지 않은 채 자유의 개념에 초점을 두는 반면, 랑시에르는 자유라는 질문에 거의 주목하지 않은 채 평등에만 초점을 둔다. 랑시에르가 불평등의 가정이 아닌 평등의 가정으로부터 출발하는 해방의 논리를 명시화하고자 한 것은 사실이다. 그러나 랑시에르가 학생은 자신의 자유의 발휘를 피할 수 없다고 말하는 것을 볼 때, 루이스의 주장, 즉 "보편적 가르침은 자유의 질문에 대해 침묵한 채 있다"는 (Lewis 2012. p. 73) 주장은 전적으로 정확하지 않다. 결국 아래에서 논의할 것이지만, 교사의 해방적 '행위'에 핵심적인 것은 자신의 자유에 대한 학생의 부정이나 거절을 방해하고 중단시키는 것이다.

가르침의 재발견

는 것이다. 이것은 아마도 "학습의 길"일지는 몰라도 "해방으로의 길은 아니다"(p. 29). 해방의 핵심은 "지능이 스스로를 다른 지능과 동등하다고 간주하고, 다른 지능을 스스로와 동등하다고 간주할 때, 그 지능이 할 수 있는 일에 대한 의식이다"(p. 39).

말하는 모든 존재가 평등하다는 가정에서 출발하는 것은, 평등이 **존재함**을 순진하게 가정하는 것은 아니라고 랑시에르는 강조한다. 그것은 또한 불평등이 어떻게 존재하는지, 그리고 불평등이 어떻게 평등으로 변형될 수 있는지에 대한 특별한 통찰을 우리가 가지고 있다는 것을 가정하는 것도 아니다. 실제로 랑시에르는 불평등에 대하여 우리가 "알아야 할 것은 아무것도 없다"(Ranciere 2010, p. 4)고 말한다. 이것은 무지한 스승이라는 개념에 또 다른 층위의 의미를 더한다. 그는 다음과 같이 말한다.

평등이 지식을 통해 전수되는 하나의 목적이 아닌 것처럼, 불평등은 지식에 의해 변형될 수 있는 소유물이 아니다. 평등과 불평등은 두 가지 상태가 아니다. 그것은 두 가지 '의견'이다. 다시 말하면 두 가지로 구분되는 자명한 이치로서 이것에 의해 교육적 훈련이 작동할 수 있다. 이 두 가지 이치는 공통되는 것이 아무것도 없다. 우리가 할 수 있는 일은 우리에게 주어진 그 이치를 검증하는 것뿐이다. 교사의 설명적 논리는 불평등을 자명한 것으로 제시한다. [⋯] 무지한 스승의 논리는 평등을 검증되어야 할 자명한 이치로 제시한다. 그것은 교사-학생 관계의 불평등의 상태를, 결코 오지 않을 미래 평등에 대한 약속이 아니라 기본적인 평등의 실재와 연결시킨다(Ranciere 2010, p. 5).

요약하자면, 랑시에르의 핵심 논지는 지능의 평등을 **증명하는 것**이 아니다. "그것은 그 가설하에서 수행될 수 있는 것이 무엇인지 한번 보자는 것이다"(Ranciere 1991, p. 46).

해방, 교육, 그리고 가르침

자코트에 대한 랑시에르의 논의로부터 등장하는 무지한 스승의 모습은 해방을 목적으로 하는 교육에서 가르침이 하는 역할의 여부에 대한 질문의 맥락에서 중요하다. (그리고 다시 한번 강조하지만 여기서 우리가 살펴보고 있는 것은 자코토의 사례를 사용하는 랑시에르의 방식이지 자코토 자체가 아니다.) 이 점을 염두에 두는 것, 즉 무지한 스승의 모습을 교육의 모든 차원에 대한 패러다임으로 보지 않고 해방교육의 질문과 관련된 것으로 보는 것은 중요하다.

랑시에르의 '개입intervention'은 분명히 교육적 관계와 환경에서 학생이 어떻게 대상이 아닌 주체로 출현되고 또 존재하는가라는 질문, 이것이 교사에게 요구하는 것은 무엇인가라는 질문을 지향한다. 그리하여 랑시에르의 논의는 지식 전달로서의 교육이나 설명으로서의 교육에 **반대하는** 논의가 아니다. 실제로 지식 전달이나 설명식 교육과 같은 '양태'의 교육은 그 목적이 지식 전달이나 이해의 초래에 있다면 완벽하게 수용될 수 있다. 또한 랑시에르의 논의는 교사가 오직 학습의 촉진자로서 등장하고, 더이상 가르칠 것이 없는 그리고 더이상 어떤 것을 가르치도록 허용되지 않는 일종의 구성주의적 교실을 위한 논의도 아니다.

여기서 지적되는 것은 이 장에서 내가 추구하는 주장과 관련하여 매우 중요한데, **랑시에르의 논의는 해방과 해방교육에서 교사의 역할에 대한 것이지, 교육의 일반이론이나 학교교육 혹은 교수법didactics에 대한 것이 아니라는 것이다.** 그렇기 때문에 자코토의 '보편적 가르침'이라는 개념은 랑시에르가 자코토를 사용하는 방식과 관련하여 우리를 오도할 소지가 있다. 매우 기본적인 수준에서 랑시에르의 논의는 다음과 같은 해방의 개넘에 대한 비판이다. 즉 해방은 인간 존재의 진리에 대한 깊은 통찰에 기댈 뿐만 아니라 이 통찰은 설명이라는 행위를 통해 해방한 자로부터 해방되어야 할 자에게로 전수되어야 하는 개념이라는 것이다. 이런 의미에서 랑시에르는 프레이리의 통찰, 즉 은행저금식 교육은 결코 해방의 방법이 될 수 없다는 데 동의하는 것같이 보인다. 이 점에 관한 한 프레이리와 랑시에르는 둘 다 해방과 해방교육에 대한 근대적 논리의 기본 신념, 즉 해방은 해방될 자의 객관적 조건에 대한 설명을 제공하는 것에 기댄다는 개념에 동의하지 않는다. 그러나 랑시에르의 접근은 세 가지 방식에서 프레이리와 다르다.[10]

첫째, 랑시에르의 접근은 교사를 위한 매우 명시적이고 정확한 과제를 제시한다. 그리하여 지식의 전수는 아니더라도 의지의 수준에서 교육적 관계를 규정하는 매우 구체적인 정체성을 제안한다. 랑시에르는 해방적 가르침의 논리를 다음과 같이 묘사한다. "해방하는 교사의 사명은 무지한 것으로 가정된 자의 앎에 대한 만족, 즉 스스로 더 많이 알 능력이 없다는 것을 학생이 인정하며 만족하는 것을 금한다"(Ranciere 2010, p.

---

10 프레이리와 랑시에르 간의 차이나 유사성에 대한 더 심화된 논의를 위해서 Galloway(2012), Lewis(2012)를 참조하라.

6). 두 번째 차이는, 랑시에르에게 평등은 인간에 대한 일종의 깊은 진리가 아니다. 이는 프레이리의 경우로서 그의 해방적 가르침은 해방될 자의 진정한 객관적인 조건에 대한 진리의 전수로 되돌아간다. 랑시에르에게 평등은 하나의 가정으로서, 해방적 가르침에 방향을 주는 기능을 한다. 즉, 해방의 근거가 되는 진리로서가 아니라 끊임없이 검증을 요청하는 가능성으로서 기능한다. 진리의 증거로서 이해되는 것이 아니라 말 그대로 진리로 만드는 것, 즉 그것으로부터 따라 나오는 것을 보기 위해 마치 진리인 것처럼 작동하는 것으로 이해된다. 이는 또한 다음을 의미한다. 평등은 "혁명 후에야"(Thomson 1997 참조) 오직 존재하게 될 상태로서 미래에 투사되는 것이 아니라, 여기 그리고 지금의 상황에 위치한다. 이것이 바로 랑시에르의 접근이 프레이리의 접근과 차별화되는 세 번째 방식이다.

해방교육의 세 가지 개념: 해방, 진리, 그리고 가르침

해방의 근대적 논리를 프레이리와 랑시에르의 관점에서 비교하는 것은 해방이 어떻게 개념화되어야 하고 교육의 역할이, 보다 구체적으로 교사의 역할이, 어떻게 이해되어야 하는지에 대하여 많고도 중요한 차이를 드러낸다. 근대적 논리에 따르면, 해방은 **권력으로부터의 해방으로 이해된다.** 이때 억압은 물질적 관점에서 이해될 뿐만 아니라, 담론적 관점의 용어인 이데올로기라는 개념으로도 이해된다. 해방은 해방될 자들에게 그들이 처한 객관적 조건에 대한 왜곡되지 않은 진리를 제공하는 교사에 의존한다.

프레이리와 랑시에르는 둘 다 해방의 이러한 근대적 논리에 비판적이지만, 상이한 근거에 기대어 비판적이며 그 결과 상이한 결과를 초래한다. 프레이리에게 주요한 비판의 대상이 되는 것은 교사에게 부여된 강력한 지위이며, 그리하여 그는 해방교육을 교사가 동료-탐구자로 되는 과정으로 개념화한다. 동료-탐구자는 다른 동료-탐구자와 더불어 프락시스라고 불리는 행위-성찰의 과정에 참여한다. 그리하여 프레이리는 교사를 해방의 등식에서 제외한다. 비록 프레이리 자신은 혁명적 지도자로서의 역할을 여전히 가지기 때문에 동료-탐구자가 되고자 분투하는 과정 중에 있지만 말이다. 그러나 이때 프레이리는 앞서 논의된 것처럼, 인간으로서 진정으로 존재한다는 것이 무엇인지에 대해 주장함으로써 궁극적으로는 스스로가 교사로서 등장하는 모순을 저지른다. 이런 이유로 프레이리는 억압을 본래적 존재로부터의 소외로 규정하고, 해방을 그러한 존재 상태로의 회귀로 본다.

이러한 배경에 비추어 보면, 랑시에르는 이와 정확히 반대되는 방향으로 가고 있음을 알 수 있다. 그는 해방이 객관적이거나, 진정한 인간 존재의 조건에 대한 진리에 토대하는 것이 가능하거나 필수적이라는 생각을 포기하고 있기 때문이다. 프레이리와 달리 랑시에르는 교사를 위한 핵심적 역할을 여전히 남겨둔다. 해방될 자들에게 그들의 객관적objective 혹은 진정한authentic 조건에 대한 지식을 제공하는 자로서가 아니라(이것이 바로 해방적 교사가 **무지한** 이유이다), 특별한 개입intervention 혹은 중단interruption 실행하는 자로서이다(Biesta 2009c 참조). 이것은 해방될 자들에게 자신들이 스스로 배우고 생각하고 행위하는 능력이 없다고 주장하는 만족을 **금지하기** 위해서이다. 그리하여 여기서 억압은 스스로 배우고 생각하고 행위할 수 없다고 믿는 신념으로 나타난다. 이 신념은 스스로의 자유를 부정하고 주체로서 존재하는 본인의 능력에 대한 부정을 표현하는 것이다. 해방은 "스스로에게 지능을" 드러내는 것이다(Ranciere 1991, p. 28). 보다 정확하게 정식화하자면, 해방은 자신의 자유에 대한 스스로의 부정을 중단하고 거부하는 것이다.

단순하게 말하자면, 해방의 근대적 논리는 교사와 진리에 의존한다. 프레이리는 교사의 요소를 떼어내고 궁극적으로 진리의 역할만을 남겨두었다. 한편 랑시에르는 교사의 요소를 남겨두고 진리를 떼어냈다. 랑시에르에게 해방은 교사로부터 학생에게 전달될 진리 위에 '흐르지' 않기 때문에, 해방적 교사는 무지한 스승이다. 그가 **무지한** 이유는 어떤 지식을 가지지 않아서가 아니라 해방의 논리가 지식에 의존하지 않기 때문이고 진리 위에 '흐르지' 않기 때문이다.

구성주의자들의 열광:
랑시에르에 대한 지배적 수용 방식

앞의 논의에서 나는 해방의 세 가지 상이한 개념과 해방교육에 대한 세 가지 상이한 접근을 재구성했다. 해방의 근대적 논리에 나타나는 모순에서 출발하여, 그 모순에 대한 두 가지 상이한 접근을 제공하는 프레이리와 랑시에르를 소개했다. 각각은 근대적 논리의 해방에 의해 제기된 딜레마의 상이한 문제를 건드린다. 프레이리가 교육적 관계에서 학생이 주체로서 등장하는 것을 막는 권위주의적 교사를 제거하려고 했다면, 랑시에르는 권위주의적 지식의 역할을 제거하고자 했다. 이때 권위주의적 지식은, 학생이 지식에 의해 정의되는 방식, 즉 스스로가 **무능력한 것으로** 규정되는 것에서 해방되는 것을 막는다. 나는 또한 프레이리와 랑시에르는 억압에 대한 상이한 이해를 가졌고, 해방에 대한 그들의 견해 차이는 이러한 이해의 차이에 상응한다는 점을 강조했다.

그러나 이 장에서 내가 특별히 다루고자 한 것은 해방교육에서 교사의 역할, 지위, 그리고 정체성에 대한 것이다. 랑시에르의 독창적인 기여는 교사가 실제로 해방을 위해 할 수 있는 중요한 역할의 '제3의 선택지'를 부각시키는 데 매우 성공적이라는 점이다. 여기서 교사는 더이상 프레이리의 경우에서처럼 문제의 일부로 보이지 않는다. 교사는 학생들 안에 있는 허위의식을 진짜 true 의식으로 대체한다는 아이디어, 프레이리가 당연히 반대할 아이디어와는 달리, 랑시에르는 해방의 질문을 지식과 진리의 문제로부터 떼어낸다. 그리고 그는 해방적 교사의 역할을 위해 두 가지를 정식화한다. 한 가지는 해방적 교사가 해야만 하는 일을 암시한다는 점에서 긍정적인데, '지능을 스스로에게 드러낸다'는 것이다. 다른 하나는 무지한 것으로 가정된 자들에게 '스스로는 더 많이 알 수 없다고 인정하는 만족을 금지하는 것'이라는 점에서 부정적이다.[11]

11 두 가지 정식화 모두 어떤 의미에서는 놀랍게도 칸트적으로 들린다. 해방적 교사가

교육의 영역에서 랑시에르의 작업이 일반적으로 수용되는
방식을 둘러보면 놀라운 점이 있다. 그것은 많은 이들이 랑시
에르 논변이 지닌 특별한 예리함을 잘 보지 못했다는 것이다.
즉 해방교육에서 지식의 역할에 대한 랑시에르 논변의 특별
함, 보다 구체적으로 말하자면, 해방이 지식의 탈신화화 위에
흐른다는 생각의 거부를 잘 보지 못했다. 그리고 그것을 해방
으로서 교육에 대한 구체적인 논의로 보기보다는, 설명으로서
교육에 대한 일반적 논의로 해석했다. 더욱이 무지한 스승이
라는 생각은 당대의 구성주의 노선을 따라 해석되었다. 구성
주의 노선은 교육에서 모든 것이 학생의 학습(의미를 형성하거
나 이해를 하는 행위)을 중심으로 돌아가야 한다는 주장을 '상식'
으로 만들었다. 그리하여 교사가 할 수 있고 해야 하는 유일
한 것은 학생의 의미형성을 촉진하는 것이다.

이것을 실행할 수 있는 한 가지 방법은 학생에게 스스로의 지능을 사용할 용기를 가
져야 한다고 말하는 것이기 때문이다. 이것은 칸트의 계몽주의 '모토'인 "Dare to
know?" 즉, 자신의 오성을 사용할 용기를 가지라는 모토와 같은 선상에 있다. 이러한
독려의 차원에 대하여 손데레거(Sonderegger 2014)를 참조하라. 그리하여 랑시에르의
작업에 강한 칸트적 '흔적'이 있다는 루이스의 견해에 동의한다. 그러나 이러한 칸트
적 흔적을 해방적 교사의 학생에 대한 명령, 즉 자신만의 길을 따르라는 '명령'의 핵
심적 중요성에서 발견하기보다는 자신의 오성 사용능력을 거부하는 학생을 방해하
고 중단시키는 것에서 발견하고자 한다. 여기서 그 차이는 1장에서 내가 말했던 것처
럼, 주체로서 존재한다는 것은 단순히 어떤 길을 따르는 것의 문제가 아니라, 이른바
'성숙함'의 길을 따르려는 것의 문제라는 사실과 관련이 있다.

예를 들어 펠리티어(Caroline Pelletier 2012, p. 615)가 "훌륭하고 진보적인 모든 교사들이 알고 있듯이 가르침은 지식 전달에 있는 것이 아니고 다른 사람을 학습하게 하는 것이다"라고 말할 때 바로 이러한 견해를 대변하고 있다. 엥겔스-쉬바르츠폴(Engels-Schwarzpaul 2015, pp. 1253-1254)의 랑시에르에 대한 논의에서 "학습은 교사에서 학생으로의 일방향적인 지식 전달에 기초하지 않고, 학생이 지식 구성에 능동적으로 참여할 때 보다 효과적이라는 것은 이제 널리 받아들여지고 있다"고 말할 때 비슷한 주장을 대변한다. 이러한 배경에 비추어 볼 때, 랑시에르의 무지한 스승의 핵심적 메시지는 "자기 자신의 지능의 사용, 실험, 경험, 집중력 그리고 끈기를 통한 학습을 독려하는 것"(Engels-Schwarzpaul 2015, p. 1255)과 같은 것으로 해석된다. 그리하여 해방교육의 복잡성에 대한 랑시에르의 정확한 '메시지'는 지도방법instruction에 대한 일반 이론으로 바뀌어 버린다.

챔버스(Chambers, 2013)의 랑시에르 교육이론에 대한 설명에도 유사한 경향이 있다. 비록 정치적 질문에 강하게 초점을 두지만, 교육의 문제와 관련하여 챔버스는 구성주의적 독해에 근접하고 있다. 그는 랑시에르가 "모든 것을 알고 그것을 학생들에게 전달하는 […] 교사의 교육내용에 대한 연마 거부를 둘러싸고"(Chambers 2013, p. 639) '완전히 급진적인 교육학'을 옹호한다고 암시한다. 그리하여 그는 랑시에르의 "새로운 교육학을 설명적 질서의 일차적 가정을 전복하는 것"으로 제시하면서, 이 새로운 교육학에 중심적인 것은 "교사의 설명 없이"(p. 644) 자기 자신의 이해에 이르는 학생의 '능력'이라고 제안한다. 그는 다음과 같이 쓴다.

책을 집어 들고 스스로 읽을 때 (심지어 자코트 교수의 실험에서처럼 모국어가 아닌 언어로 쓰여진 책일지라도), 학생은 평등의 방법을 사용하고 있다. 어떤 책의 내용에 대해 그것이 무엇을 의미하는지 설명해주는 다른 사람 없이 누구나가 그 책을 읽을 수 있는 능력, 이것이 바로 평등의 힘이고 평등의 전부이다(Chambers 2013, p. 644).

이러한 독해는 모두 충분히 발전된 구성주의를 촉구하지는 않지만, 랑시에르의 논의를 학생의 학습과 의미형성에 중심을 두어야 하는 교육에 대한 일반이론으로 읽는 경향이 있다. 이런 독해에 반대하며 나는 랑시에르의 작업은 우리에게 학습이 아니라 **교수, 가르침**에 대한 논변을 제공하고, 이 논의의 '위치'

는 **해방교육**에 대한 논의에 있다고 주장하고자 한다.

해방교육에서 가르침의 역할

첫 번째 논점, 즉 랑시에르는 가르침을 위한 논변을 제시하고 있지 학습을 위한 논변을 제시하고 있지 않다는 논점과 관련하여 말하자면, 『무지한 스승』의 핵심 메시지는 누구나 교사 없이 배울 수 있다는 것이 아니다. 랑시에르가 이 주장에 동의하지 않기 때문이 아니라(사실 그 주장은 말 그대로 진리이다), 랑시에르의 논의가 그것에 대한 것이 아니라는 의미이다. 랑시에르가 주장하고자 하는 것은 (여기서 그는 자신을 근대적 논리의 해방과도 구분하고 프레이리와도 구분한다) 언급된 것처럼, 해방은 지식 위에 '흐르지' 않는다는 것이다. (이것은 그의 논변이 반드시 교육적 해방에 대한 논의의 한계 안에서 해석되어야만 하는 이유를 제공한다.) 그것은 인간의 본성에 대한 진리 위에 흐르지도 않고, 해방되어야 할 자들이 처한 객관적 조건에 대한 진리 위에 흐르지도 않는다. 이것이 바로 해방적 교사가 **그러한** 지식을 소유하고 있는 교사로서 이해되어서는 안 되는 이유이며, 해방적 교사를 무지한 교사로 특징짓는 이유이기도 하다.

다시 한 번 지적하자면, 랑시에르가 무지한 스승을 강조하는 이유는 해방적 교사가 지식이 부족하기 때문이 아니라 **지식이 해방의 길이 아니기** 때문이다. **하나의 가정**으로서 평등의 중요성도 바로 여기에 있다. 프레이리와 달리 랑시에르는 인간의 본래적authentic 존재에 대해 강하게 강조하지 않는다. 이런 의미에서 그는 명시적으로 비칸트적이지만, 또한 명시적으로 정치적 관심과 정치적 기획을 명료하게 표현한다.[12]

"학습은 또한 바보만들기의 학교에서 일어난다"(Ranciere 1991, p. 102)고 기술할 때, 랑시에르는 해방이 학습의 문제가 아니라는 것을 정확하게 보여준다. 학습은 교사가 있든 없든 어디에서나 일어날 수 있다. 또한 해방 '되는 것'은 학습을 요구하는 것이 아니라 자신의 지성을 평등의 가정 아래 사용하는 것을 요구한다. 그렇게 하는 것은 특별한 능력, 특히 배우고 해석하고 의미를 형성하는 능력을 드러내는 것이 아니라, 오히려 **평등이라는 정치적 기획에 스스로의 이름을 새겨 넣는 것이다** (Biesta 2010b 참조). 물론 자신의 지성을 그렇게 사용할 수 있기 위하여 반드시 교사가 필요한 것은 아니다. 왜냐하면 교사의

---

12 교육의 영역에서 랑시에르 작업이 주로 '수용'되고 있는 관점에서 보자면, 그의 논변은 일차적으로 학교의 특수한 배치를 지향하고 있지는 않다. 그러나 무엇보다도 학교교육이라는 특수한 논리 위에서 작동하는 사회, 그러한 우리 사회에 대한 비판이라고 언급하는 것은 중요할 성싶다. 이 점에 대한 보다 자세한 논의는 Bingham & Biesta(2010)의 저서, 특히 이 책의 마지막 장인 '세계는 학교가 아니다'를 참조하라.

불필요성은 **자기 자신**의 지성을 사용하는 일의 핵심이기 때문이다. 해방적 교사의 역할이 요청되는 경우란 다음과 같은 경우이다. 어느 나이의 학생이든 스스로 생각할 수도 행위할 수도 없다고 주장하거나, 스스로 생각하거나 행위하기를 원치 않는다고 말하면서, 그러한 선택을 거부하거나 거절하는 경우이다. 그리하여 해방적 교사는 학생이 주체로서의 가능성을 스스로 부정하거나 거절하면서 객체로 남아 있기를 원하는 상황에서 어떤 역할을 한다. 해방적 교사의 특수한 개입은, 적절한 용어일지는 모르겠지만, 이러한 '태도'를 겨냥하고 하고 있다. 이것에 대한 논의는 5장에서 다시 다룰 것이다.

랑시에르를 읽는 랑시에르

이 논의에 추가되어야 할 두 가지 논점이 더 있다. 둘 다 자신의 저술에 대한 랑시에르 자신의 성찰, 그리고 그 저술에 참여하는 다른 사람들의 방식에 대한 대응으로서 랑시에르의 성찰과 관련이 있다. 하나는 설명에 대한 질문과 그것의 지위에 대한 것이다. 랑시에르의 저술을 비평하는 이들 사이에는 그 저술이 설명의 논리에 대해 매우 비판적일 때, 자신의 저술이 무엇에 대한 것인지 설명하려고 애쓰는 랑시에르의 행위 자체에 담긴 아이러니를 강조하는 경향이 있다. 그러나 앞서 내가 암시했던 것처럼, 우리는 랑시에르의 논변이 설명을 금지한다고 읽어서는 안 된다(이것에 대해서는 Hallward 2005, Stamp 2013 참조). 랑시에르는 이것에 대해 다음과 같이 말하며 스스로의 생각을 분명하게 표현한다. "우리는 우리가 가진 지식을 다른 사람들이 처리할 수 있게 하는 합법적 '전달자'로서의 지위를 확실히 사용할 수 있다." 그리고 그는 확실히 이것을 '끊임없이 하고' 있기도 하다(Ranciere 2011, p. 245).[13] 다만 여기서 지적되어야 할 것은 설명이라는 활동은, 특히 다른 사람의 머릿속이나 삶 속에서 진짜로 일어나고 있는 것이 무엇인지 설명하려는 시도는, 해방의 방법이 아니라는 것이다.

두 번째 논점은 내 관점에서 더 문제가 된다. 후기 저술에서 랑시에르는 그 자신의 작업에 대한 구성주의적 독해를 향해 방향을 전환하고 있는 것 같이 보이기 때문이다. 해방이 학습을 할 자유로서, 보다 구체적으로 말해 해석하고 의미를 형성할 자유로서 이해되는 곳에서 특히 그러하다. 방금 인용된 합법적 전달자에 대한 구절에서 랑시에르는 "자코토의 관점에

---

13 Lewis(2012)의 제 1장을 참조하라. 여기서 우리는 랑시에르와 알뛰세 간의 차이와 유사성에 대한 아주 설득력 있는 설명을 만난다.

서 볼 때 바보로 만드는 것은 학생들이 그들 속에 우리가 집어 넣는 것을 어떻게 파악할지 예견하려는 의지"라고 말함으로써 실제로 그것을 지속한다(Ranciere 2011, p. 245). 이것은 본래 2004년의 강연이었고 이후 동일한 제목의 책의 1장으로 출판된『해방된 관객 The Emancipated Spectator』에서 보다 큰 주제가 된다(Ranciere 2009). 이 책은 기본적으로 연극과 관람객의 위치에 관한 것이지만, 랑시에르는『무지한 스승』에 대해 명시적으로 언급함으로써 교육적 문제로 논의한다.[14]

이 논의가 제공하는 교육의 역동성에 대한 해설에서 랑시에르는 해방적 가르침에 대한 논의에 머물지 않고, 교수와 학습의 보다 일반적인 교육 상황, 혹은 지도방법instruction에 대한 일반적 이론에 대한 설명으로 이동해가는 것처럼 보인다. 랑시에르가 여기서 제공하는 설명은 구성주의적 독해에 가까운 것이다. 여기서 교육의 역동성은 교사로부터 학생에게로 옮겨

---

14 교육적 해방의 질문은 예술의 맥락에서 일어나는 해방의 질문과 구분되어야만 한다. 결국 우리는 예술이 곧 교육적이라고 하거나, 동시에 교육이 곧 '예술적'이라고 자동적으로 가정해서도 안 된다. (이 둘 간의 관계에 대해서는 Biesta[2017]을 참조하라). '예술적'이라는 단어는 여기서의 논변을 교육 미학에 대한 논의와 구분하기 위해 사용되었다. 교육 미학에 대해서 Lewis(2012)는 매우 독창적이고 대체로 설득력 있는 설명을 제공했다. 내 논의에서 예술과 교육 사이의 관계에 대한 사안을 제기하는 이유는 랑시에르 자신이『해방된 관객』에서 이 둘을 아주 가깝게 묶고 있기 때문이다.

가는 지식의 전달이 아니라, 우리가 '시행착오'라고 부르는 것을 통해 학생이 배우는 것을 말한다. 랑시에르의 표현으로 이것은 "학생이 이미 알고 있는 것에서부터 아직 알지 못하는 것에 이르는 길, 그러나 학생이 나머지를 배운 것처럼 배울 수 있는 길"이다(Ranciere 2009, p. 11). 랑시에르는 이것을 "번역의 시적 노동"으로 부른다. 그리고 이것이 "모든 학습의 핵심"(p. 10)에 있다고 주장한다. 이것은 학생이 이미 알고 있는 것에서 아직 알지 못하는 것으로 옮겨가는 과정이기 때문에 번역이다. 그리고 학생은 이미 거기 있는 것을 반복하는 것이 아니라, 그 자신의 이해를 위해 노력하기 때문에 시적이다. 랑시에르는 이것을 다음과 같이 표현한다.

> 기호를 뱉어내는 무지한 자에서부터 가설을 만들어 내는 과학자에 이르기까지 동일한 지능이 항상 작동한다. 이것은 바로 자신의 지적 모험을 전달하고 또 다른 지능이 그것과 소통하기 위해 노력하는 것을 이해하기 위해, 기호를 또 다른 기호로 번역하고 비교와 설명을 통해 나아가는 지능이다(Ranciere 2009, p. 10).

이 설명에서 교사는 내가 위에서 논의했던 방식과 다른 방식,

즉 촉진자로 나타난다.

그는 학생들에게 자신의 지식을 가르치지 않고 그들이 사물과 기호의 숲으로 기꺼이 뛰어들도록 명령한다. 그리고 그들이 보았던 것과 보았던 것에 대해 생각하는 것을 말하고 그것을 검증하고 검증하도록 명령한다(Ranciere 2009, p. 11).

랑시에르가 여기서 묘사하고 있는 것은 가르침에 대한 설명이 기보다는 오히려 학습에 대한 설명이다. 더욱이 이것은 2장에서 소개되었던 용어와 함께, 학습을 파악comprehension으로 이해하는 일반적 의미의 학습에 대한 설명이다. 이것은 구성주의적 용어로 이해될 수 있는데, 각각의 개인적 학습자가 자신의 '이야기'를 구성한다는 의미에서 혹은 랑시에르가 사용하는 어구로 말하지만 각 개인이 "자신의 시를 작성한다"는 의미에서 그러하다(Ranciere 2009, p. 13). 랑시에르가 이러한 역동에 대한 설명으로 강조하는 것은 교사/공연수행자와 학생/관객 사이에 어떤 직접적인 관계(p. 14), 혹은 '획일적인 전수'(p. 15)의 가능성이 없다는 것이다. 오히려 항상 '제3의 것'이 있다는 것이다. 즉, 예술작품, 연극 공연, 책 아니면 '다른 형식의 텍스트'(pp. 14-15)가 있다는 것이다. 이 제3의 것은 '교사나 학생 모두에게 낯선 것'이지만, "학생이 보았고 그 본 것에 대해 말하며 그 말한 것에 대해 생각한 것을 함께 검증하기 위해" 참조하는 것이다(p. 15). 그리하여 이 제3의 '것'과의 관계 속에서 해석의 급진적 개방성이 열린다. "박물관이나 학교, 거리에서처럼 극장이나 공연 앞에서도 우리는 우리 자신을 마주하며 둘러싸고 있는 사물, 행위, 기호들의 숲속에서 개별적으로 자신만의 길을 구성하는 개인들로만 언제나 존재할 뿐"이라고 랑시에르는 말한다(p. 16). 이러한 사물, 행위, 기호는 "우리로 하여금 새로운 것을 배울 수 있게 하는 출발점, 교차점, 그리고 접합점"을 제공한다(p. 17).

『해방된 관객』의 가장 놀라운 부분, 최소한 앞서 내가 추구해온 관점에서 보자면, 랑시에르가 해방적 '순간'을 정확히 관객들의 해석 행위, 즉 의미상 학생의 해석 행위에 위치시킨다는 점이다. 이 해석의 행위는 '의미화의 자유'로 주장된다. "예술가가 자신의 기술의 표현과 효과가 전시되는 곳인 무대를 구성할 때" 등장하는 '새로운 관용 어구'와 관련하여 랑시에르는 "그 관용 어구의 효과는 미리 예견될 수 없고", "능동적 해석자의 역할을 하는 관객을 요구한다"고 주장한다. 이러한 관객은 "그 이야기를 전유하고 그것을 자신의 이야기로 만들기 위해 자신만의 번역을 실행한다". 이것으로부터 랑시에르는 "해방된 공동체는 이야기꾼과 번역가들의 공동체"라고 결론 내린다(Ranciere 2009, p. 22).

랑시에르의 이러한 결론은 나에게 두 가지 점에서 문제로 보인다. 하나는 교사의 역할과 관련이 있고, 다른 하나는 해방의 지위와 관련이 있다. 랑시에르의 작업이 (역설적이게도 스스로에 의해) 구성주의적인 '수용'에 머무는 것 같은 첫 번째 문제는, 해방교육에서 교사의 역할로 그가 이제까지 구축해온 독특한 입장이 사라져버리는 것같이 보인다는 점이다. 랑시에르는 오히려 프레이리가 이미 있었던 지점, 즉 교사는 학습의 촉진자로서 자신의 이야기를 스스로 구축하는 학생들의 촉진자여야 한다는 지점으로 '돌아간' 것 같다. 두 번째 문제는 스스로의 이야기를 구성할 모든 이의 자유(3장에서 '의미화의 자유'라고 언급했던 자유)가 자유에 대한 의미 있는 개념인가라는 질문과 관련이 있다.

3장에서 이미 설명했던 것처럼, 나는 이 개념에 대해 의문이 많다. 왜냐하면 당장 제기되는 질문으로 사람들이 제시하곤 하는 상이한 해석들이나 의미화들 signimages, 시 같은 것들을 판단할 때 기준이 되는 것이 무엇인지 알 수 없기 때문이다. 그리하여 의미화의 자유는 일종의 신자유주의적 자유로 나타난다. 여기서는 모든 이가 자신만의 '이야기'를 말할 자유가 있다. 이것은 상이한 '시들'이, 우리가 사는 삶, 즉 **같이 그리고 평등하게** 사는 삶의 방식에 어떤 영향을 미치는지에 대한 질문이 항상 전제되는 민주적 자유 혹은 정치적 자유가 아니라, 우리 각자가 우리 자신의 삶의 이야기에 갇혀 있을 자유인 것이다. 평등의 개념이 랑시에르의 작업에서 매우 핵심적인 역할을 한다는 사실에 비추어 볼 때 놀라운 일이 아닐 수 없다. 그뿐만이 아니라 이 장에서 제시된 랑시에르 논의의 해방적 교사라는 인물이 정확히 그러한 상대주의적 설정의 **중단**으로서 해방적 가르침을 실행하도록 묘사된다는 점에서 더욱 놀랍다. 왜냐하면 이러한 상대주의적 설정 하에서 학생이 자신만의 우주 안에서 주위를 빙빙 돌기만 할 때, 해방적 가르침은 주체로서 존재하기를 거부하는 학생을 중단시키는 역할을 하도록 되어 있기 때문이다.

결론: 무지한 스승에 속지 않기

이 장에서 나는 랑시에르가 해방교육 담론에 어떻게 독창적으

로 기여하는지를 드러내어 보여주고자 했다. 이를 위해 해방
교육에 대한 프레이리의 견해가 갖는 강점과 달리, (해방적) 교
사에게 분명한 역할과 과제, 그리고 정체성이 있다는 것을 보
여주고자 하였다. 그리고 비판교육학의 경우에서와 달리, 이
과제는 허위의식을 참의식으로 대체하는 것으로 이해되어서
는 안 된다는 것을 보여주었다. 프레이리와 달리 랑시에르는
이러한 논의로부터 교사 없이 교육해야 한다는 주장으로까지
나아가지 않았다. 오히려 그는 해방을 지식 위에 흐르는 것으
로 생각하는 관점의 문제를 드러냈다. 이것이 바로 해방적 교
사는 무지하다고 말할 때 의미하는 것이다. 해방적 교사는 미
리 가정된 학생의 무지와 무능력에 대한 지식에서부터 출발하
지 않고 오히려 지능은 평등하다는 가정에서부터 출발하기 때
문에 무지하다. 지능의 평등이라는 가정은 정확히 지식의 문
제나 진리의 문제가 아니다. 여기서 다시 랑시에르는 프레이
리와는 근본적으로 다른 접근을 취한다.

　내가 주장하려고 했던 것처럼, 이는 랑시에르의 작업이 교
육에서 수용되어져 온 방식, 즉 교육의 모든 것이 학생의 의미
형성에 달려있고 교사는 이 과정의 촉진자로서 학생에게 제공
하거나 추가해야 할 아무것도 갖고 있지 않다는 생각과는 아

무 상관이 없다. 그러므로 학생에게 줄 지식이 없는 교사는 가르칠 것이 아무것도 없기 때문에 교실 구석으로 물러나 학습의 촉진자로서만 역할을 해야 한다는 가정에 기반한 무지한 스승의 모습에 우리는 속지 않아야 한다. 랑시에르에게 해방적 교사는 정확히 가르침의 행위에 깊이 관계된 자이다. 마찬가지로 학습할 자유, 보다 구체적으로 해석과 의미화의 자유가 세계의 중심이 아니라 세계 속에서 성숙한 주체로서 정치적 평등의 기획에 자기 자신을 새겨 넣는 방식이라고 스스로를 속여서도 안된다. 왜냐하면 이 두 가지는 다른 것이고, 해방된 교사가 가르쳐야 할 것은 바로 후자이기 때문이다.

5

불가능한 것을 요청하기:
불화로서의 가르침

Asking The Impossible: Teaching As Dissensus

1장에서 나는 교육에서 '핵심'인 것으로 믿는 것을 정확하게 정식화했다. 교육적 과업은 다른 인간에게 성숙한 방식으로, 즉 주체로서 세계와 함께 존재하고자 하는 욕구를 일깨우는 일이라고 제안했다. 이런 방식으로 세계에 존재하고 세계에 존재하고자 애쓰는 것은 우리가 바라는 것이 바람직한 것인지에 대한 질문을 살아 있는 질문으로 받아들인다는 것을 의미한다. 우리가 가는 곳이면 어디든 따라다니는 질문, 우리가 직면하는 모든 것에서 작동하는 질문 말이다. 교육을 이런 식으로 이해하는 것은 선호하는 특수한 교육적 지향점을 표명하는 것으로 이해되어서는 안 된다. 선호라는 것은 항상 다른 것의 선택 가능성을 남기기 때문이다. 교육을 과제로 말하고, 그리하여 우리가 소명 받은 어떤 것으로서 항상 우리를 따라 다니는 것으로 요청함으로써, 이것이 선택의 문제가 아니라 우리 가운데에 아이가 태어나거나 교실에 학생이 들어오는 것과 같은 '탄생의 사실'을 직면할 때 우리에게 출현하는 어떤 것이라고 말하고자 했다(Arendt 1958, p. 247).

태어나고 싶었는지 결코 질문 받은 적이 없는 신생아들에게서 우리는 삶의 욕구의 부족을 좀처럼 발견할 수 없다. 이런 점에서 이들에게 그 욕구를 일깨우는 것이 필요할지 모르겠다.(물론 '예외적인' 경우에는 꼭 필요하지만 말이다.) 그러나 삶에 대한 바람이나 욕구는 무엇보다도 **생존**의 욕구인 한편, 성숙의 방식, 즉 주체로서 세계에 존재하고자 하는 욕구는 자신만의 삶을 **살고자 하는** 특별한 방식임을 기억하는 것이 중요하다. 자신의 삶을 살고자 하는 바람을 일깨우는 것은, 아이들이나 젊은이들로 하여금 이 세상에서 성공하고 출세하고자 하는 야망을 지나치게 추구하지 않도록 돕는 것을 의미하는 한편, 그들이 세상의 좌절을 만났을 때 너무 쉽게 포기하지 않도록 돕는 것을 의미한다. 학교와 관련해서 이것이 의미하는 바를 생각해

보면 훨씬 복잡하게 들린다. 왜냐하면 학생들은 학교에 다니고 싶은지 그 여부에 대해 결코 질문받은 적이 없다는 사실을 어느 시점에 깨닫게 될 가능성이 높기 때문이다. (그리고 일부 학생들은 자신들의 삶에 대해 보다 일반적으로 이와 동일한 질문을 던지기도 한다.) 이것은 교사의 교육적 과업, 즉 학생들로 하여금 어려운 중간 지대에 머물도록 돕는 일이 왜 어려운 일이고 위험을 수반하는 일인지 설명하는 데 도움이 된다.

주체로서 세계 속에 세계와 더불어 존재한다는 것은, 그 세계가 자연적 세계이든 사회적 세계이든 우리의 환상으로 구성되거나 그것을 투사한 것이 아니라, 그것 자체로 고유한 방식으로 존재한다는 사실을 받아들일 수 있게 된다는 것을 의미한다. 그리하여 세계 속에 세계와 더불어 주체로서 존재한다는 것은 그 세계와 대화하려고 애쓰는 것을 의미하는 한편, 그 대화가 단순히 말을 주고받는 '담소conversation'로 이해될 것이 아니라 실존적 형식으로 이해되어야 한다는 것을 의미한다. 2장과 3장, 4장에서 나는 **이 대화 속에 존재하는 것**을 보다 상세하게 탐색했다. 이것은 주체로서의 우리 존재가 '파악comprehension으로서의 학습'의 논리에서 벗어나는 것(2장)이며, 의미화의 자유로 주장되는 것에서 벗어나는 것(3장)이자, 언명되고 말을 걸어옴에 대한 응답으로 우리의 성숙한 주체됨이 출현한 다는 관념을 향해 작업해 나가는 것(4장)임을 다루었다. 이것은 바로 **나의** 주체됨이 '걸려 있는' 위태로운 순간이다. 여기서 나는 어느 누구도 대신할 수 없는 **오직 나**만이 할 수 있는 (Levinas) 바로 그것으로서 자유를 만난다. 이것은 '가르침을 받는' 경험과의 마주침, 즉 가르침을 만나는 것으로 이해될 수도 있다. 4장에서 제시된 것처럼 가르침은 우리를 중단시키고, 자신과 함께 있기만 하는 상태로부터 벗어나도록 잠재적으로 해방시키고, 주체로서 이 세계에 존재하도록 우리를 소환한다. 가르침이 해방적 잠재력을 가지고 있는 것은 바로 이러한 이유에서이다.

이 장에서는 가르침을 다시 한 번 더 살펴볼 것인데, 교사의 일반적 역할의 관점에서라기보다는 가르침의 '행위'라고 불리는 것의 관점에서 그렇게 하고자 한다. 가르침을 시간적 논리와 연결시키는 개념, 예를 들어 학생의 '나중'을 위해 개발, 성장, 혹은 특정 능력이나 역량을 함양시킨다는 식의 개념과는 달리, 다른 인간 존재의 주체성에 관심을 가지고 그것을 지향하는 것이라고 그것을 규정할 때 가르침은 전혀 다른 방식으로 작동할 수 있음을 제안할 것이다. 랑시에르 철학의 영감 하에 이러한 가르침의 '질 성quality'을 **불화**dissensus라는 개념으로 언급할 것이다. 여기서 불화는 합의의 부재, 불일치 혹은 갈등의 순간으로 이해되어서는 안 되고, 오히려 기존의 사태에 '통약 불가능한 요소'를 소개하는 것, 혹은 랑시에르의 표현으로 특수한 '감각적인 것의 분배'로 이해될 수 있다. 그리하여 랑시에르가 설명하는 것처럼, 불화는 "흥미나 의견에 반대하는 것이 아니라 이미 결정되어 있는 감각적인 세계에 이질적인 소여물을 생산하는 것"을 말한다(Ranciere 2003, p. 226).

교육에서 불화는 우리가 아이나 학생을 주체로서 대할 때, 즉 우리가 볼 수 있고 알 수 있는 모든 증거에 정확하게 반할 때 일어난다. 이 장에서 보다 상세히 논의하겠지만, 아이나 학생이 주체로서 등장할 가능성이 열리는 것은 정확히 이러한 제스처, 즉 교사적 제스처에 의해서다. 그리하여 데리다의 말에 따라(1992b, p. 16), 불가능한 것을 가능하지 **않은 것**이 아니라 가능성으로 **예견할 수** 없었던 것, 지금 여기의 관점에서 계산하거나 예측할 수 없는 것으로 이해한다면, 불화로서 가르침은 아이나 학생에게 불가능한 것을 요청하는 방식이라고 이해할 수 있다. 성숙한 주체됨을 목적으로 하는 불화로서의 가르침은 정확히 미리 예견할 수 없는 것을 향한 지향성(Torgersen

2015 참조)으로 특징지을 수 있다. 즉, 현존하지 않는 것으로서 희망의 대상일 수 있는 것, 그리하여 믿음이 요청되는 것이지 결코 지식이나 확실성의 문제일 수 없는 것을 지향하는 것이다 (Halpin 2003; Biesta 2006 1장 참조).

불화로서의 가르침이라는 생각은 아이의 발달이나 학생의 성장과 같은 가르침의 전통적인 개념과는 아주 다른 '논리'를 우리에게 소개한다. 불화로서의 가르침은 그러한 논리를 중단시키고 교육에서 시간의 역할과 그것에 대한 우리의 이해에 의문을 제기한다. 이 장에서 탐색하려는 사유의 노선은 바로 여기에서 시작된다. 이를 위해 나는 2011년에 새프스트룀Carl Anders Säfström과 함께 출판한 짧은 글로 되돌아갈 것이다. 이 글을 우리는 낙관적으로 『교육을 위한 선언문』으로 불렀다 (Biesta & Säfström 2011).

'현재 존재하는 것'과 '현재 존재하지 않는 것' 간의 긴장 속에서의 교육

이 『선언문』에서 우리는 교육 실천, 정책, 그리고 연구에서의 많은 이슈들에 대응하고자 했다. 여기서 우리가 사용한 주요 담론적 장치는 교육에서 교육적인 것을 위치 짓는 것이었다.

그것은 『선언문』에서 자유로 언급된 것이지만, 이 책의 맥락에서는 성숙한 주체됨으로 보다 정확히 묘사될 수 있다. 성숙한 주체됨은 다음 두 가지 선택지를 모두 '넘어서'는 것인데, 그 선택지는 교육에 대한 논의에서 상이한 표현으로 얘기되지만 서로 반대되는 것으로 등장하곤 한다. 『선언문』에서 우리는 그것을 **대중주의**populism와 **이상주의**idealism로 언급했다.

　대중주의는 "교육적 관심을 개인 취향의 문제나 도구적 선택의 문제로 환원하는 방식으로 단순화시킴으로써 그것을 정식화한다"(Biesta & Säfström 2011). 그것은 "교육적 과정을 단순하고 일차원적이며 직관적인 것으로 묘사함으로써, (현실에서) '작동하는 것'에 대한 과학적 증거에 기반하여 지식을 질서화하고 학생을 질서화하며 교사가 관리하는 것"으로 표현한다(p. 540). 반면 이상주의는 "교육이 성취해야 하는 목표에 대한 지나친 기대"를 통해 드러난다(p. 540). 여기서 교육은 "심오한 사회적 갈등이나 경쟁으로 특징지워지는 사회 속에서조차 민주주의, 연대성, 포용성, 관용, 사회정의, 그리고 평화와 같은 기획들과 연결되어" 있다(p. 540). 교육은 결코 대중주의나 이상주의로부터 나오는 기대들을 끝까지 충족시킬 수 없을 것으로 보이기 때문에 끊임없이 방어적 입장으로 내몰릴 수밖에 없다.

어떤 이들은 대중주의를 이상주의에 대비하여 놓고, 해결책은 교육의 의제를 '올바르게' 만드는 데 있다고 주장한다. 다른 이들은 더 나은 과학적 증거와 더 나은 기술로 결국 교육을 수정하여 제대로 작동하게 할 수 있다고 주장한다(Biesta & Säfström 2011, p. 540).

대중주의와 이상주의 간의 대비는 '현재 존재하는 것'을 지향하는 교육과 '현재 존재하지 않는 것'을 지향하는 교육 간의 보다 일반적인 대비에 대한 하나의 특수한 표현으로 이해될 수 있다. 우리는 두 가지 지향성 모두 자유의 가능성에 위협을 가한다고 주장한다. '현재 존재하는 것'을 보호하는 교육은 **적응**의 한 형태이다.

이것은 교육을 '현재 존재하는' 사회에 대한 적응으로 보는데, 교육을 단지 사회화로 보는 경우가 그것이다. 다른 한편 이것은 또한 교육을 개별 아동이나 학생의 '현재 상태'에 적응하는 것으로 보기도 한다. 이 경우 교육은 재능있는 아동, ADHD를 가진 아동, 학습장애를 가진 아동과 같은 '사실'에서 출발한다(Biesta & Säfström 2011, p. 541).

그러나 두 경우 모두 교육은 자유를 향한 지향성을 잃고 새롭고 예측가능하지 않는 것을 공표하는 '과잉'에의 관심을 잃어버린다. 그러나 그렇다고 하여 이것에 대한 해결책이 '현재 존재하지 않는 것'의 보호 아래 두는 것은 아니라고 우리는 주장한다. 그 경우 교육은 유토피아적인 꿈에 매달리게 되기 때문이다. "교육을 순수한 유토피아로부터 분리하는 이유는 비관주의에 빠져서가 아니라 성취할 수 없는 희망을 교육이 짊어지지 않도록 하기 위해서이다. 성취할 수 없는 희망을 떠안은 교육은 지금 여기에서 자유를 가능하게 하기보다는 자유를 미룰 것이기 때문이다"(p. 541). 우리는 이것을 다음과 같이 요약할 수 있다.

> 교육을 '현재 존재하는 것'과 연결시키는 것은 교육의 책임을 교육 바깥의 힘으로 이양하는 것인 한편, 교육을 '현재 존재하지 않는 것'에 연결시키는 것은 교육을 성취할 수 없는 미래로 보내버리는 것이다(Biesta & Säfström 2011, p. 541).

교육에서 교육적으로 중요한 것, 즉 자유는 교육을 '현재 존재하는 것' 혹은 '현재 존재하지 않는 것'에 각각 연결시킬 때 사라질 위험이 있다. 그리하여 우리는 『선언문』에서 교육을 위한 적절한 '자리'는 바로 '현재 존재하는 것'과 '현재 존재하지 않는 것' 간의 긴장에 있다고 제안했다. 교육적 전통은 어떤 의미에서 이러한 긴장과 익숙한 한편, 이 긴장에 대한 가장 흔한 해석은 '현재 존재하지 않는 것'을 **'아직** 존재하지 않는 것'과 같이 **시간적** 관점으로 이해하는 해석이다. '아직 존재하지 않는 것'은 '아직' 지금 여기에 있지 않지만, 미래에 도래할 것으로 기대되는 것이다. 이러한 이해는, 자유의 관념 자체가 근대 교육 담론에서 그랬던 것처럼, 가장 강력한 가시적인 이해의 방식이다. 즉, 자유는 아이가 충분히 배웠을 때, 혹은 충분히 성장하거나 발달했을 때, 그리하여 자신의 행위에 책임을 질 수 있고 그 결과 해방의 상태에 이르렀을 때인 교육의 종착점에서 도래하는 것으로 이해된다.

그러나 '현재 존재하지 않는 것'을 **'아직** 존재하지 않는 것'의 관점에서 사고하는 것, 그리하여 교육을 미래 어느 지점에서 약속을 실행하는 과정으로 보는 것의 문제는 자유의 문제가 지금 여기에서 사라지고 우리가 말했듯이 **"영원히** 지연되는 위험을 무릅쓴다"는 것이다(Biesta & Säfström 2011, p. 540 참조. 강조는 원저자의 것). 만약 자유가 교육에 적절한 교육적인 것을 표현하는 경우라면, 그러한 이해는 구조적으로 도달할 수 없는 위치에 교육적인 것을 두는 위험을 안고 있다. 항상 도착할 예정이지만 결코 완전히 거기에 닿지 않듯이, 보다 정확히 말하자면 결코 온전히 여기에 있지 않는 것이다. 여기서 제기되는 질문은 교육에 대한 시간적 이해에 대한 것이다. 교육을 기본적으로 시간에 걸친 일종의 발달의 관점에서 간주하는 것은 자유에 대한 우리의 교육적 관심을 충분히 포착할 수 있는가, 아니면 이제 우리는 시간과 교육에 대해 다르게 생각하기 시작해야 하는가에 대한 것이다. 이것은 교육적 논리의 가능성을 고려할 때 잠시 암시되었던 것으로, 교육적 논리는 근대 교육의 시간적 논리와 달리 명시적으로는 **비시간적**이다. 이것은 교육이 '현재 존재하는 것'과 '**아직** 존재하지 않는 것' 간의 긴장이 아니라, '현재 존재하는 것'과 '현재 존재하지 않는 것' 사이의 긴장 속에 머물러야 한다는 것을 의미한다. 이것은 랑시에르의 표현을 차용하여 우리가 **불화**라고 언급한 바로 그 긴장이다.

불화로서 가르침이 무엇인지, 왜 그리고 어떻게 이것이 중요한지를 파악하기 위해 먼저 교육에 대한 일반적 이해에서 시간이 하는 역할과 방식에 대해 몇 가지 말하고자 한다. 이를 위해 교육적 논의에서 두드러지는 여섯 가지 '시간성' 개념에 대해 간략하게 소개할 것이다. 그 여섯 가지 개념이란 변화, 학습, 발달, 학교교육, 아동, 그리고 진보이다.

교육의 시간

많은 이들은 '변화'가 아동의 교육과 성인의 교육에서 모두 핵심적 '사업'이라고 주장하곤 한다. 비록 어떤 변화는 오랜 시간이 걸린 후에야 그 효과가 가시적으로 드러난다고 하지만, 결국 교육이 어떤 변화를 낳지 않는다면 그것은 실패했거나 일어나지 않았다는 것이다. 그리하여 교육이라는 '행위'는 변화를 돕고, 변화를 지원하고, 변화를 촉진하고, 심지어 변화를 강제하는 행위로도 이해된다. 이러한 변화는 거의 항상 문자 그대로 시간이 걸리는 과정의 관점에서 이해된다. 변화는 결국 어떤 한 상태에서 다른 상태로의 이동이고, A에서 B로 가기 위해서 특정 궤도가 가정된다. 교육에서 그러한 궤도는 가치 판단, 변화의 바람직한 판단과 같이 간다. 그렇게 때문에 바람직한 '결과'를 지향한다는 점에서 목적적 구조를 가지고 있다고 언급된다. (여기서 '결과'는 누가 정의할 수 있고 또 정의해야 하는지, 누가 이 결과를 '바랄 수 있고 바래야만 하는지', 그리고 '결과'가 어느 정도까지 정의 가능한지 또는 정의되어야 하는지에 대한 질문들은 결정되지 않는 채 있다.)

우리는 변화로부터 쉽게 **학습**으로 나아갈 수 있다. 왜냐하면 학습은 특정한 형태의 변화로 보일 수 있기 때문이다. 그리고 이것은 일반적으로 교육자나 교육학자들이 좋아하는 형식이다. 기본적이지만 그럼에도 불구하고 광범위하게 받아들여지는 정의로서, 다소 지속적인 모든 변화(예를 들어, 인지, 이해, 연마 혹은 기술에서의 변화)인 학습은 성숙의 결과가 아니다. 위에서 변화에 대해 우리가 말한 것은 학습에 대해서도 동일하게 말할 수 있다. 우리가 어떤 것을 배웠을 때 우리는 변화했고, 이 변화를 이끌어낸 과정을 학습 과정으로 이해한다는 의미에서 그렇다. 그리하여 우리는 학습을 돕고 지원하고 촉진하고 심지어 강제하는 것으로서 교육을 정의하고, 이때 학습은 시간이 걸리는 과정으로 이해된다. 학습은 학습자로 하여금 특정한 상태에서 다른 상태로, 즉 모든 경우는 아니지만 대부분의 경우 학습자가 무엇인가를 얻는 상태로, 그 자신이 무엇인가 배웠다는 것을 **깨닫는** 상태로 이끄는 과정이다.

교육에서 중심적 역할을 하는 세 번째 개념은 **발달**의 개념이다. 발달은 심리학적 개념으로 보일 수 있다. 어떤 의미에서 그러하지만 다른 한편으로 발달은 교육적 사고와 실천을 계속적으로 구조화한다. 아마도 쉴라이어마흐Schleiermacher 이후로 쭉 그렇게 이해되었는데, 그는 피아제Piaget와 비고츠키Vygotskij를 경유하며 교육을 인간 발달이라는 사실에 대한 사회의 대응으로 이해했다. 피아제와 비고츠키는 (비록 발달의 '논리'에 대해 상이한 견해를 가졌을지라도) 교육을 발달의 촉진으로 이해했고, 도덕적 추론에서의 발달의 촉진에 대한 콜버그Kohlberg의 견해를 경유하여, 뇌와 그 기능의 발달에 대한 교육적 촉진에 대한 신경과학의 주장으로 이어졌다. 발달은 **탁월한** 시간적 개념인데 왜냐하면 (발달의 목적론적 이해의 관점에서는) 시간적 전개의 개념을, 그리고 (발달의 비목적론적 이해의 관점에서는) 시간에 따른 성장이라는 개념을 보유하고 있기 때문이다. 아마도 발달적 논의는 교육에 대한 시간적 구성에 가장 큰 영향을 미쳤다고 말할 수 있는데, 이는 다음 두 가지를 통해서이다. 첫째, 교육은 발달을 **따를** 필요가 있다는 생각인데, 이것은 피아제의 작업이 전유되는 방식이다. 다른 하나는 교육은 어느 정도 발달을 **이끌거나 촉진**할 수 있다는 생각인데, 이것은 비고츠키의 작업이 전유되어 왔던 방식이다. 프래그마티즘, 특히 듀이를 통한 프래그마티즘은 발달의 목적론적 개념을 비판하고 그것을 '성장'의 개념으로 대체하는 한편, 교육의 시간적 구조를 정착시켰다. 그는 교육의 문제는 개인과 사회적 요인 간의 조정을 성취하는 데 있는데, 이는 분명 시간이 걸리는 과정이다. 듀이는 또한 교육을 경험의 변형과정으로 이해하는데, 경험의 이 변형과정은 철저하게 시간적인 과정인 것이다.

아마도 이 시점에서 변화, 학습, 발달의 과정에서 찾을 수 있는 시간 개념은 **순환적** 시간 개념이 아닌 **단선적** 시간 개념이라는 것을 언급할 필요가 있다. 그리하여 변화, 학습, 발달의 관념은 단선적 시간 개념의 범위 내에서만 의미가 있다고 말할 수 있다. 그 결과 교육을 변화, 학습, 발달의 관점에서 이해하는 것은 시간 자체의 단선적 개념의 진보와 더불어 가능해졌다. 이 진보는 일반적으로 근대적 세계관과 근대 사회의 등장 및 발달에 속하는 것으로 이해된다. 몰렌하우어(1986)가 교육적 시간(Bildungzeit)으로 언급했던 것의 근대적 관념을 낳았던 것도 바로 이 시간 개념이다(이를 위해 Schaffar 2009, pp. 137-140 참조). 몰렌하우어는 시간의 정확한 측정을 제공하는 새롭게 발달된 여러 가능성은 완전히 새로운 시간 개념을 낳았을 뿐만 아니라, 삶의 시간화와 시간의 경제화를 초래했다고 강조한다. 시간의 경제화는 '시간은 돈이다'라는 관념에서 예시된다. 새로운 시간 개념과 삶의 새로운 시간화는 학교교육의 구조 및 내용과 관련하여 그 조직에 심오한 영향을 미쳤다.

여기서 몰렌하우어는 다음과 같은 놀라운 사실을 지적한다. 유럽 전역에 걸쳐 몇십 년 내에 학교교육은 특수한 시간적 논리의 관점에서 조직되었는데, 여기서 교육은 시간의 직선적 발달로서의 '진보(progresus 혹은 progressio)'로 이해되었다(Mollenhauer 1986, p. 80 참조). 이것이 가능하기 위해 교육은 대체로 유사한 발달 수준을 가진 동질적인 아이들의 집단으로 조직되고, 교육의 내용을 작은 시간적 단위로 나누어야 했다. **그 결과** 학습에서 진보는 가능할 수 있었고, 그것은 평가될 수 있었다. 그리하여 (진보를 향한 시간적 궤도로 이해되는) 시간표와 교육과정이 필요했고, 이상적으로는 큰 방해 없이 교육과정의 직선적 진보에 대한 보다 일반적인 관심이 등장했다(Mollenhauer 1986, p. 80 참조). 교육의 목표와 목적이 그 자체로 특정한 성취의 관점에서 보다는 시간의 관점에서 급진적으로 정의되어가는 것을 목격하는 것은 흥미롭다. 예를 들어 학교 시간은 학습이 끝나야 끝나는 게 아니라 시간이 다 차면 끝난다. 의무교육은 특정한 수준의 성취에 도달해야 끝이 나는 것이 아니라 특정 나이에서 끝난다. 그리하여 교육의 과정이 필요로 하는 시간에 대해 통제권을 갖기보다는, 오히려 시간이 교육의 과정을 구조화한다 (Mollenhauer 1986, p. 80).

시간성의 특정한 개념이 어떻게 교육 **환경**을 조직하는 원칙이 되는지를 학교교육에 대한 근대적 구성이 보여준다면, 동시에 등장한 **아동**의 개념은 이 시간성의 개념이 어떻게 아동에 대한 우리의 이해, 즉 아동에 대한 일반적 의미뿐만 아니라 ('Bildsamkeit[교육가능성]'라는 독일어 개념에서 포착되는) 교육할 수 있는 존재로서의 아동이라는 보다 특수한 의미의 이해를 낳았는지를 보여준다. 근대적 아동은 '**아직**'으로, '발달 중'이며, 이 발달을 지원하고 지지하기 위해 무엇보다도 '교육이 필요한' 것으로 이해된다. 이것을 최소한 첫눈에 가장 예리하게 표현한 것은 인간은 교육을 통해서만 오직 인간이 된다는 칸트의 금언이다. 아동의 '아직'이라는 특성, 즉 아동이 무엇인가 되기 위해 그리고 어디엔가 도달하기 위해 시간이 필요하다는 사실은 교육이 왜 필요한지에 대한 논변으로서 기능할 뿐만 아니라 교육의 정당화로도 기능한다. 그리하여 교육을 필요로 하는 것은 아동일 뿐만 아니라 이 특정 아동을 필요로 하는 것 또한 교육이라고 말할 수 있다. 우리가 '교육학Pedagogik'의 수준에서 교수학didactics의 수준으로 옮겨갈 때, 학습자 개념에 대한 유사한 방식의 사고를 발견할 수 있다(Biesta 2010c 참조). 왜냐하면 교수학에서 학습자는 정확히 아직 거기에 없는 자, 뭔가 부족한 자, 교육이 필요한 자, 그리고 그 부족을 채우기 위해 교사가 필요한 자로서 정의되기 때문이다. 교사는 수업지도 instruction를 통해 직접적으로, 혹은 학습을 낳는 과제를 부여하는 것과 같은 간접적 방식으로 그 부족을 채워줄 수 있다. 그러나 다시 이러한 학습자가 가르침을 필요로 하는 것만큼이나, 그 특수한 학습자를 필요로 하는 것이 또한 가르침, 즉 교수라고 말할 수 있다.

아동의 시간적 구성 그리고 학습자의 시간적 구성은, 타자(아동, 학습자)를 결여의 관점에서 바라보고 '필요에 종속된' 것으로 정의하는 식민주의적 사고방식을 예시한다. **그 결과** 교육자는 그 결여와 필요를 채우는 입장에 있을 수 있다. 이것은 분명히 권력의 문제를 야기하는데, 물론 우리의 교육적 전통에서 그리 낯선 문제는 아니다. 다른 한편으로 나는 여기서 시간이 이러한 식민지적 관계에서 두드러지게 나타나는 방식을 강조하고자 한다. 파비안Fabian은 자신의 저서 『시간과 타자 *Time and The Other*』(Fabian 1983)에서 '동시성allochronism'이라는 용어를 만들어, 근대 인류학이 정확히 인류학자와 연구 대상 간의 동시적 존재성을 부정함으로써 연구 대상을 다른 시대에 위치시키는 것을 통해 그 (연구) 대상을 구성하는 방식을 언급한다. '아직' 그리고 '필요로 하는' 것으로서의 아동이라는 근대적 개념은 유사한 방식으로 교육자의 시간으로부터 아동의 시간을 분리시키고, 하나의 동일한 움직임 안에서 시간적 간극을 메우는 활동으로 교육을 이해한다. 그렇게 교육은 필요한 것으로 정당화된다. 샤파르Schaffar(2009, pp. 107-108)는 여기서 우리가 만나는 것은 경험적 사실이 아니라 도덕적 사실 혹은 규범적 입장이라고 올바르게 주장한다. 즉 아동에 대한 특수한 시간적 구성은 경험적 현상이 아니라는 것이다. 이 말은 경험적 사실이 중요하지 않다는 것이 아니라, 아동을 시간적으로 구성하는 것은 무엇보다도 규범적 사실, 그리하여 교육적이고 정치적인 선택이라는 사실이다.

이 논의 목록에 마지막으로 추가하고자 하는 것은 **진보**라는 개념이다. 교육은 진보를 위한 도구라는 것이다. 아동의 진보, 공동체의 진보, 국가의 진보, 심지어 인간성 전체의 진보라는 생각이다. 미래는 지금보다 더 나을 것으로 가정되고, 교육은 더 나은 미래를 초래할 매개적 도구라는 시간적 논리의 관점에서, 진보는 교육 전체의 기획을 구조화하는 개념이 된다. '더

⑤ 불가능한 것을 요청하기: 불화로서의 가르침

나은' 것으로서 간주되는 것은 다양한 차원을 가진다. 이 중 어떤 것은 물질적인 것으로서, 교육은 전지구적 경쟁의 장에서 경쟁적 이점을 달성하게 할 지식 경제의 동력이라는 자주 듣는 약속이 있고, 교육은 개인의 미래 소득을 위한 투자라고 하는 통념과 같은 것이 있다. 다른 관점들은 덜 물질주의적이거나 간접적으로만 물질주의적이다. 교육은 나중에 '현금화'될 수 있는 자본으로 종종 가정되어, 그것을 우리의 사회 자본이나 문화 자본에의 투자로 생각하는 것이 그것이다. 마지막으로 평등, 해방, 자유를 향한 궤도의 관점에서 이해하는 교육적 진보가 있다.

이러한 간략한 탐색이 보여주는 것은 시간, 보다 구체적으로 시간에 대한 단선적 개념이, 우리에게 가장 익숙한 교육의 어휘들 속에, 그리고 교육적 관행과 실천이 이해되고 실행되고 이론화되고 연구되는 방식 속에 얼마나 널리 퍼져 있는가 하는 것이다. 앞서 논의된 개념들 각각에 대해, 그리고 그 개념들의 역사와 정치학에 대해 더 말할 것이 많다. 그러나 여기에서의 나의 탐색은 무엇보다도 교육에서의 시간이라는 질문에 다르게 참여하는 것이 가능한지를 보는 것이다. 보다 정확히 말해서, 교육적 등식에서 시간을 빼려고 할 때 우리가 직면하는 도전이 무엇인지를 보여주고자 한다. 그러나 우리는 왜 이 것을 하려고 하는 것인가?

역량을 넘어선 가르침

아마도 단선적 시간 개념을 '넘어서서' 교육을 사유하고 행하려는 야심과, 불화로서의 가르침을 사유하고 행하려는 야심에 결정적인 것을 진술하는 좋은 방법은 역량의 개념을 탐색하는 것이다. 왜냐하면 앞 부분에서 논의된 여섯 가지의 개념은 모두, 교육이라는 활동을 통해 아동과 젊은이들은 **보다 역량 있게** 된다는 생각에 기대고 있기 때문이다. 특정 방향으로 발달하고, 학습을 통해 지식과 기술을 습득하고, 아이들의 학습과 발달에 밀접하게 맞추려는 학교 체제로부터 구조화된 지원을 받으면서 아이들은 변하기 시작하고 그들을 규정하는 바로 그 결여를 메우기 시작한다. 그리고 이 모든 것이 성공하면 원하는 방향으로 발전하여 더 많은 지식과 더 많은 기술과 더 많은 역량을 성취하게 된다. 그렇게 간주되는 교육에서 가르침은 아동과 젊은이들이 사회가 요구하는 방향으로 나아갈 수 있도록 그들의 학습을 촉진하고 지원하며 지도하도록 요청된다. 즉 가르침은 그러한 사회적 요구에 대해 불화의 형식을 취하기보다는 합의의 형식을 취한다.

이제 교육이 자격화와 사회화의 양태로 작동하는 한, 이 모든 것은 완벽하게 이해된다. 이러한 형태의 교육에서 학생은 지식과 기술, 행위의 방식을 습득하는 대상에 가깝기 때문에 보다 역량을 갖춘 대상이 될 뿐, 결코 주체가 되지는 않다. 물론 학생들은 이러한 과정에 참여할 필요가 있고, 이런 관점에서 수동적이지 않고, 유행하는 말로 표현하자면 '능동적 학습자'가 되지만, 주체는 아니다. 내가 말하려는 것은 교육의 전체적인 시간의 논리가 학생들의 '주체됨'을 '건드리지' 못한다는 것이다. 왜냐하면 이 주체됨은 다른 곳에 '놓여 있기' 때문이다. 물론 주체됨을 역량의 관점에서 보거나 역량의 일종으로 보는 전통이 있고, 이 전통에서 교육의 과업은 학생들의 행위주체성agency을 키우기 위해 (여러 가지 중 두 가지만 얘기하자면) 학생들에게 비판이나 공감의 기술을 제공하는 것으로 간주된다. 그러나 이전 장에서 내가 말하고자 한 것처럼, 우리의 주체됨은 소유도 아니고 자아가 소유할 수 있는 어떤 것도 아니다. 그것은 하나의 사건으로서 일어나거나 일어나지 않는 어떤 것이다. 레비나스가 우리의 주체됨을 '내재성의 균열'(Levina 1989, p. 204)이라고 말할 때, 이것은 우리의 역량, 능력 혹은 수

용력에 대한 것이 아님을 강조했다는 것은 흥미롭다. 이것은 오히려 '경험의 트라우마적인 대변동'으로서 우리의 지능이 그 자체의 능력을 훨씬 넘어서는 어떤 것과 마주치는 경험이다. 그러나 이것은 또한 '해야만 한다'는 명령의 가능성에 대한 것이기도 하다. '내가 할 수 있는' 것을 고려하지 않는 '명령의 가능성'에 대한 것이다(p. 205).

세상이 요청하는 모든 역량을 갖추고 있다고 하더라도 그 순간이 왔을 때, 언명이 도래했을 때, **내가** 거기에 있으면서 그 명령에 응답할 것이라는 보장은 결코 없다. 혹은 덜 이상적이기는 하지만 보다 분명하게 정식화하자면, 내가 거기에 **있을 수 있는 능력**이 있으리라고 보장하지는 못한다. 그 언명이 우리를 '마주치게' 하기 위해 혹은 주체가 우리에게 '도래'하기 위해 우리가 할 필요가 있는 것은, 역량을 갖도록 하는 모든 지식과 기술을 동원하여 자아에게 **권한을 주거나**empowerment 자아를 구축하는 것이기보다는, 스스로를 **무장 해제**시키는 것이라고 매스컬레인(Jan Masschelein 1997)은 매우 설득적으로 말한다. 이러한 식으로 볼 때 주체됨의 도래는 정확히 발달적 궤적의 결과가 아니라, 그리고 학습 궤도의 축적적 결과가 아니라, 어떤 나이든 아이들이 그것에 준비가 되어 있든 아니든 상관없이 이 모든 것을 돌파하는 의사의 사건이다.

이것은 아이들의 자유를 의지이라고 생각한다면, 즉 성공적이고 권한을 주며 해방적인 교육적 궤적의 종착지에 도착하도록 되어 있는 어떤 것으로 생각한다면, 그 자유는 결코 도착하지 못하고 지금 여기에서 사라지며 '**영원히** 연기될 위험이 있다'(Biesta & Säfström 2011, p. 540, 강조는 원저자의 것)는 『선언문』에 제시된 주장의 의미를 조명하기 시작한다. 그것은 또한 가르침과 해방에 대한 랑시에르의 관찰이 바로 제 자리를 찾는 곳이기도 하다. 왜냐하면 랑시에르의 해방적 교사가 하는 일은 학생들에게 역량을 부여하는 것이 **아니기** 때문이다. 그는 오히려 "저는 아직 준비가 안되었어요.", "저는 아직 할 수가 없어요.", "저는 아직 역량이 없어요.", 그리고 아마도 "저는 아직 주체가 되기를 원치 않아요.", "저는 대상으로 대우받는 것을 더 좋아해요."라는 자신의 **무능**incompetences에 대한 학생의 어떤 주장도 거절한다. 그렇기 때문에 4장에서 말했듯이, 이것은 또한 '해방**된다**'는 것은 특정한 능력을 드러내는 것이 아니라 자신의 지능을 평등의 가정하에서 사용하는지, 그리고 이를 통해 평등이라는 정치적 기획에 자신의 이름을 새기는지에 대한 것이라고 말할 수 있다.

여기서 가르침이 합의가 아니라 불화로 보이는 것은 무엇보다도 무능력이나 무능에 의존하는 것을 거절함으로써, 현재 존재하는 사태를 돌파하기 때문이다. 이런 의미에서 불화로서의 가르침은 현재 존재하는 사태에, 즉 현재 존재하는 감각적인 것의 분배에 이미 통약 불가능한 요소를 가지고 온다고 말할 수 있다. 왜냐하면 가르침은 현재 발견되는 그 '감각'의 수용을 거절한다. 그러나 무능과 불평등의 거절은 동시에 지능의 평등에 대한 가정을 **입증하기** 때문에, 랑시에르 사유의 노선에는 보다 긍정적인 차원이 있다. 내가 4장에서 말한 것처럼, 입증은 가정의 진리를 증명하는 문제로 이해되어서 안 된다. 핵심적인 것은 그것이 진리냐 아니냐가 아니라 ─이 경우 모든 것은 역량의 질문으로 되돌아간다─ 말 그대로 **진리로 만드는** 문제, 즉 이 가정에서 출발할 때 **무엇을 할 수 있는지** 확인하는 문제이다. 여기서 지능의 평등이라는 가정이 지니는 반사실적 성격이 매우 중요한데, 왜냐하면 이 가정이 특수한 경우나 모든 인간의 경우에 진리인가 아닌가가 아니라, 이 가정에서 출발한다면 무엇이 일어날 것인가라는 문제에 놓여 있기 때문이다. 이것이 진리로 판명되느냐 아니냐는 우리가 오직 미래에 답할 수 있는 질문이다. 그러나 가능한 하나의 미래로서 이 미래를 열기 위해서 우리는 그것을 진리라고 가정하고 그것에 따라 행위할 필요가 있다. 왜냐하면 오직 그럴 경우에만 우리는 그것이 진리인지 아닌지 알 수 있기 때문이다.

여기서 우리가 대면하는 것은 근본적인 교육적 논리인데, 특히 주체됨의 질문과 관련한 근본적인 교육적 논리이다. 여기서 핵심적인 것, 그리고 왜 이 논리가 결정적으로 **교육적인가**를 파악하는 한 가지 방법은, 신뢰가 교육적 관계와 보다 일반적인 인간 관계에서 하는 역할을 살펴보는 것이다. 다른 곳에서 내가 보다 자세하게 논의한 것처럼(Biesta 2006, 1장), 신뢰의 흥미로운 점은 타자가 어떻게 행위할 것인가에 대한 확실한 지식이 없는 상황에서 우리에게 꼭 필요하다는 것이다. 타자가 어떻게 행위할 것인지를 이미 예측할 수 있을 때 신뢰는 별로 의미가 없고 필요하지도 않다. 이때 상호작용은 순전히 계산의 문제이고, 이것은 그 자체로 괜찮을 수 있다. 그러한 계산이 가능하지 않을 때 신뢰는 기능하기 시작한다. 물론 이 경우에도 우리는 타자가 어떻게 행동하거나 또 반응할지 전적으로 확신할 수는 없다. 그러므로 신뢰를 부여하는 측의 입장에서 보면 신뢰는 항상 위험을 동반한다. 타자가 내가 기대하고 희망했던 것과 다르게 행동할 위험을 동반하는 것이다. 인간은 항상 믿을 만하지 않다는 식으로 이것을 도덕적 관점에서 포착하려고 하기보다는, 신뢰와 함께 오는 위험을 인간의 자유에 대한 인정으로 간주하는 것이 더 낫다. 우리 모두가 이런 식이나 저런 식으로 행동할 필요가 있는 자유, 예 또는 아니오라고 말할 수 있는 자유, 흐름에 따르거나 반대할 자유 말이다. 그리하여 다른 사람을 신뢰하고 그 사람에게 신뢰를 **주는 것은** 이러한 자유가 작동하도록 만든다. 다른 사람을 신뢰할 수 있는가, '신뢰할 만한' 사람인가 아닌가는 우리가 **신뢰를 줄 때**, 그리고 신뢰를 주는 데 따르는 위험을 감수할 때야 비로소 발견할 수 있는 것이다.[1]

신뢰를 주는 자의 자유는 타자가 내가 바라는 것을 할 때만 실현되는 것이 아니라는 것을 아는 것이 중요하다. 그렇지 않을 가능성 또한 결국 그 사람의 자유이기 때문에, 그 타자는 내가 바라는 것을 하지 않을 충분한 이유가 있을 수 있다. (우리는 이것을 '그냥' 신뢰할 수 없음 혹은 '단지' 신뢰할 가치가 없음과 구분할 필요가 있다.) 핵심은 신뢰가 주어졌을 때, 즉 지식이나 증거에 기반하지 않고 심지어 현재 우리가 가진 모든 지식과 증거에 반

---

[1] 이때 위험은 다른 사람이 내가 기대한 것과 다르게 행동할 위험을 말할 뿐만 아니라, 이로 인해 우리 자신이 위험에 빠질 수 있다는 것을 의미한다. 특히 교육에서 그러하다. 권력, 권위, 그리고 가르침의 위험에 대해 1장을 참조.

할 수도 있는 이 통약 불가능한 요소를 가져올 때에만 이 모든 가능성들이 실현된다는 점이다. 교육적 관점에서 중요한 것은 교사의 신뢰가 정확히 아동이나 학생들이 자신의 자유를 만나고 이 자유로 무엇을 할 것인지를 이해할 필요가 있는 '공간'을 연다는 것이다. 다시 말해, 신뢰는 그들의 주체됨을 **위태롭게** 한다. 신뢰가 없다면, 신뢰하지 않는다면, 이 공간은 열리지 않을 수 있다. 그리고 신뢰가 없다면 아마도 그러한 공간은 결코 열리지 않을 것이기 때문에, 주체로 존재할 가능성으로서의 미래는 아예 길이 막힌 채 남아있을 것이다. 아동이나 학생의 주체됨의 문제와 관련하여 가르침이 불화로 작동할 필요가 있는 이유가 바로 여기에 있다. 가르침은 아동이나 학생으로부터 불가능한 것, 즉 교사로서 우리가 하나의 가능성으로서 **예견**할 수 없는 것, 예측하거나 계산할 수 없는 그러한 것을 묻고 요청할 필요가 있다.

이것은 또한 학생들에 대해, 그리고 보다 일반적으로 교육적 관계에서 우리가 만나는 사람에 대해, 우리가 지나치게 많이 알고 또 알기를 원하는 것의 문제가 무엇인지 보여준다. 왜냐하면 그러한 지식은 미래, 보다 구체적으로 주체로서의 미래를 막기 시작한다. 이것은 요즘 교육에서 진단적 지식이 지나치게 넘쳐나는 것의 문제이기도 하다. 우리는 자주 교사로서 행위를 시작하기 전에 '문제'가 무엇인지 먼저 이해할 필요가 있다고 생각하곤 한다. 학생들을 더 잘 안다면 더 나은 봉사를 할 수 있다는 전제하에서 학생들에 대해 진심으로 알기를 원하는 것이다. 이것은 모두 맞는 말일지도 모른다. 특히 역량의 관점에서 교육을 생각하고 교사로서의 과업을 학생들의 역량을 더하고 육성하는 것이라고 간주하는 한 맞을지도 모른다. 그러나 가르침이 학생들의 주체됨에 관한 것이라면 정반대가 맞을 수 있다. 학생에 대해 너무 많이 아는 것은 지금 여기에서 가능성으로 예견할 수 없는 미래로 가는 길을 방해할 수 있다. 그것은 또한 교사로서, 그리고 교육자로서 그러한 미래를 여는 길, 즉 예견하지 못한 것이 일어날 수 있다고 믿는 것을 방해할 수도 있다. 학생들이 누구인지 모를 때, 그들이 어디서 왔는지 모를 때, 그들이 이전 삶으로부터 갖고 온 것이 무엇인지 모를 때, 우리는 학생들의 과거나 역사, 문제나 진단의 부담에서 자유로울 수 있고 새롭고 상상되지 않는 방식으로 그들에게 정확히 접근할 수 있을지 모른다.

우리의 교육적 노력을 학생의 목표로 가정된 역량에 지나치게 단단히 고정시키는 문제는 역량이 부족하다고 할 수 있는 경우, 즉 보통 '특수교육'으로 언급되는 영역에서 훨씬 더 '이 슈'가 된다. (이 장에서 내가 하려는 것의 관점에서 볼 때 특수교육이 실 제로 얼마나 '특수한 것'인지에 대해서는 질문을 제기할 수 있지만 말이 다.) '자폐로 이름 붙여진 젊은이'들과 같이 일하는 교사에 초 점을 두는 한 논문에서(Hudak 2011), 후닥 Glen Hudak 은 우리의 교육 실천을 이 '이름'이라는 진단에 딱 맞추어 실행하게 된다 면, 교육은 이미 '거기' 있는 것을 반복할 수밖에 없고, 결국 교 육과 교육받는 사람 모두를 '현재 존재하는 것'에 묶어 버리는 결과를 초래할 뿐이라고 주장한다. 그러나 후닥은 그 반대의 경우를 옹호하며, 교육을 위한 가능성은 교육자가 세 가지 가 정을 가지고 행위할 때에만 개방될 수 있다고 제안한다. 그 세 가지 가정이란, 역량이라는 가정, 상상력이라는 가정, 그리고 친밀함이라는 가정이다(Hudak 2011, p. 58 참조). 각각의 경우에 서 '수용된' 방식으로 소통하고 관계를 맺어야 할 책임은 젊은 이들에게 부과되는 것이 아니다. "신체적 어려움을 가진 이들 이 자신의 경험을 더 잘 소통하도록, 그리하여 다른 사람들이 대신 대변해 주는 주변부에 남는 것이 아니라 스스로 토론에 참여할 수 있도록 도울 수 있는 방법을 알아내는" 책임은 교사 들에게 주어진다고 후닥은 지적한다(p. 61).

비클렌과 카디널(Biklen & Cardinal 1997, Hudak 2022, p. 61에서 인용됨)은 이 점을 다음과 같이 지적한다.

우리는 특정 사람들이 스스로 할 수 있다고 입증되지 않은 일을 할 수 있을 것이라고 독자들이 믿기를 기대하는 것은 아니다. [… 그러나] '(교육 목표로) 가정된 역량'이라는 개념을 채택하는 교육에서는 자극을 받거나 교육적 작업을 통해 학생이 자신의 능력을 더 잘 발휘할 수 있는 방식을 파악할 책임을 교육자와 연구자들에게 부과한다.

그리하여 '외부자'를 위한 교사의 과업은 "자폐증으로 이름 붙여진 이들을 위해 세계를 해석하는 것이 아니라 그렇게 이름 붙여진 이가 생각하고 느끼는 사람이라고 가정하는 것이다"(Hudak 2011, p. 61). 후닥은 다른 두 가지 가정, 즉 상상력과 친밀성의 가정과 관련해서도 유사한 논점을 편다. 그리고 그 세 가지 가정들은 모두 우리가 말하고 소통하고 또 관계를 맺는 것이 무엇을 의미하는지 근원적인 방식으로 다시 생각하도록 요구한다. 뿐만 아니라, 그러한 가정들에 기반하여 행위함으로써 우리는 "지배적인 권력 구조"(p. 66), 그리고 "인간이 된다는 것이 무엇을 의미하는지"(p. 62)에 대한 지배적인 정의에 도전할 수 있게 된다는 점에서, 그것은 "철학적인 동시에 정치적인 도전"(p. 60)이라고 말한다. 후닥이 결론 내리는 것처럼, 이것은 '장애아'로 이름 붙여진 이들에게만 관련되는 것이 아니라, '우리 모두'에게 실제로 관련되는 문제이다. 그리하여 특수교육에서 특수한 것은, 최소한 가르침과 교사의 관점에서 보자면 그렇게 특수한 것이 아닐지도 모른다는 사실을 보여준다.

결론: 가시적이지 않은 것을 보는 것, 가시적인 것을 보지 않는 것

이 장의 핵심은 교사가 학생에 대한 믿음을 가져야 한다는 것으로 요약할 수 있다. 나는 이 요약에 만족한다. 특히 그 믿음을 '믿음의 도약leap of faith' (혹은 키에르케고르가 말하듯이 '믿음으로의 도약a leap to faith'일 수도 있다.)이라는 관념과 관련시킨다면 이것은 믿음 자체가 우리 자신이 아는 것에서부터의 단순한 논리적 연역이 아니라 도약을 요청한다는 점을 부각시킨다. 이것은 내가 지속적으로 주장해 온 것으로, 학생들의 주체됨의 문제와 관련하여 가르침은 불화로서 작동한다는 주장과 동일하다. 즉, 학생들이 주체로서 존재할 수 있는 미래를 열기 위해 우리 앞에 놓인 모든 증거로부터 단절하는 것으로서의 불화이다. 랑시에르의 표현을 다시 소환하자면, 학생이 주체로 등장할 수 있는 미래를 여는 것은 학생의 주체됨에 기초하여 작용하는 것이다. 만약 충분히 신뢰할 정도, 즉 자유와 주체됨을 가졌다고 신뢰할 만큼 역량의 모든 증거를 학생에게서 확보할 때까지 기다린다면, 우리는 맨 마지막까지 학생이 주체로 등장할 수 있는 순간을 연기하는 위험을 무릅쓴다. 왜냐하면 우리는 항상 더 많은 확신을 찾고자 하고 더 많은 세부사항들을 찾을 것이기 때문이다.

믿음의 도약은 이 모든 것을 돌파하여 모든 증거와 가시적인 모든 것에 반대하여, **주체로서** 학생에게 접근하도록 한다. 그렇게 함으로써 학생들이 주체로서 등장할 수도 등장하지 않을 수도 있는 상황을 열 것이다. 이것이 바로 교사가 불화로서 '작동한다'는 것의 의미이다. 또한 통약 불가능한 요소를 현재 존재하는 사태, 혹은 현재 존재하는 감각적인 것의 분배로 가지고 온다는 것의 의미이다. 그렇게 하는 것은 교사로서 우리의 행위가 지금 여기에서는 보이지 않는 것, 즉 학생의 주체됨을 향해 나아가도록 이끄는 것이다. 학생의 주체됨은 보이지 않는 것을 보는 문제이다. 동시에 이 장에서 내가 계속 논의해

⑤ 불가능한 것을 요청하기: 불화로서의 가르침

왔던 것처럼, 지금 눈에 보이는 것, 학생이 아직 준비되지 않았다는 것, 학생이 과거에 신뢰할 수 없었고 우리의 신뢰를 남용했다는 것을 알려주는 '증거'에 대해 우리가 눈을 감도록 요청한다. 이 모든 증거들은 사실일 수 있고 또 고려해야 할지도 모르지만, 학생을 지금까지 알려진 모든 것, 즉 과거에만 묶어 둔다면 다른 미래로의 가능성을 막는 것이다. 이것이 바로 교사로서 우리가 학생들에 대해 알기 원하는 것에 한계를 두어야 하는 이유이다. 이것이 바로 불화로서의 가르침, 학생들의 주체됨을 목적으로 하는 가르침, 그리고 다소 낯선 방식으로 학생 안에 주체로서 이 세계에 존재하고자 하는 열망을 일깨우는 가르침에서, 교사로서 우리가 교실에 도래하는 학생이나 우리 가운데에 태어나는 아이에 대해 어떤 것도 알기를 원치 않는 이유이다.

가르침을 교육에 되돌려 놓기

앞선 장들에서 나는 가르침을 옹호하는 주장, 즉 가르침의 중요성과 의의, 심지어 가르침의 필요성을 옹호하는 주장을 제시하였다. 이것은 최근의 교육이론, 교육정책, 그리고 교육실천에서 전개되는 담론들이 일반적으로 가르침을 부정적으로 바라보는 것에 대한 대응이다. 그리고 그 부정적 주장의 요체는 가르침이 궁극적으로 학생을 주체가 아닌 대상으로 다루는 통제의 한 형태라는 생각이다. 교화indoctrination와 달리 교육이 학생의 자유, 즉 주체로서 학생의 존재에 관심이 있다는 점을 고려할 때, 가르침은 이러한 학생의 자유 실현을 방해한다는 결론에 이를 수밖에 없다는 것이다.

　이제까지 보인 바대로, 이른바 '전통적' 가르침에 대한 비판에 이러한 노선의 사고가 영향을 미쳤다. 최근에 발전된 이 사고는 교사를 (그것 자체로 이미 경멸적인 묘사인) '교단 위의 성자'에서 '옆에 있는 인내사', 그리고 결국에는 '뒤에 있는 동료'로 옮겨가도록 하였다. 이 입장에 있는 교사는 더이상 학생과 구분될 수 없고 보다 광범위한 학습공동체의 일부로서 동료–학습자의 형태로 묘사된다. 통제로서의 가르침에 대한 비판은 또한 해방교육 논의에서 모종의 역할을 한다. 이것이 바로 프레이리가 '교사–학생의 모순'을 극복하려는 야망 속에서 '교사–학생이자 학생–교사'의 공동 실천으로서의 교육이라는 개념으로 결론짓는 이유 중의 하나이다. 신마르크스주의적 비판교육학이 좋은 의도에도 불구하고 여전히 탈신화화라는 강력한 행위에 의존하기 때문에, 실제로 학생에게 권한을 주지 못한다는 비판 뒤에는 이러한 프레이리의 교사관이 놓여 있다.

역설적이게도 가르침이 여전히 선호되는 것같이 보이는 최근의 흐름에서 통제는 여전히 주요 주제이다. 교육적 과정의 가장 중요한 '요인'으로 교사를 강조하는 최근의 주장은, 결국 이 '요인'을 보다 효과적으로 만드는 것에, 즉 학습 결과의 생산을 더 잘 예측할 수 있고 또 안전하게 한다는 의미에서 효과적으로 만드는 데에 관심이 있다. 이러한 야심에 효과적으로 기여할 수 없는 교사는 일자리를 잃어버릴 위험조차 있다. 그런데 그러한 일을 잘한다는 것은 이러한 특수한 생산 사이클을 '통제할 수 있다'는 것을 의미한다. 유사하게, 통제로서의 가르침이라는 사안은 교사의 권위 회복에 대한 요청에 핵심적이다. 이 사안 뒤에는 근대 사회에서 일반적으로 가정되는 권위의 결여에 대한 보다 광범위한 관심의 일부로서 권위 그 자체에 대한 이슈가 있다. (비록 여기서 관심은 언급된 것처럼 관계적인 권위에 대한 관심이라기보다는 일방향적인 권력에 대한 관심이기는 하지만 말이다.)

그리하여 통제와 권위의 문제는 당대 교육적 논쟁에서 가르침과 관련하여 딜레마로 등장한다. 가르침에 관심이 있는 사람은 진정으로 학생의 자유에 대해 관심이 없고, 학생의 자유에 관심이 있는 사람은 가르침을 그것의 방해물로 보는 것이다. 여기에는 앞선 장들에서 살펴본 것처럼 단순히 가르침과 자유의 관계에 대한 이론적 문제뿐만 아니라 검토해야 할 중요한 다른 이론적 사안들도 있다. 그것은 오늘날 학교교육에서 교사의 역할과 지위에 대한 정치적 문제만도 아니다. 물론 여기에도 정치, 정책, 가르침, 그리고 교사에 관련된 중요하고 긴급한 사안들이 있지만 말이다. 그것은 또한, 아마도 무엇보다 교사가 된다는 것이 무엇을 의미하는지, 심지어 교사로서 존재하는 것이 무엇을 의미하는지와 같은 근본 문제에까지 닿아 있는지도 모른다. 결국, 교육에 믿음을 가지고 있는 교사들은 교실 뒤편으로 밀려나지 않을 수 없는 것 같다. 거기서 교사는 동료-학습자로 전락하여 더이상 자신의 고유한 책임이 무엇인지 말할 수 없게 된다. 스스로 자신의 적절한 자리를 교실의 앞이라고 믿고 그 자리에서 교사로서의 고유한 책임감을 느끼며 거기에 머물고자 하는 이들은 진정으로 교육에 대해 믿지 않으며 오히려 '오래된 유행에' 머무는 꼰대들이라는 이야기를 들을 것이다. 보다 단도직입적으로 말하자면, 진보적이기를 원한다면 진정으로 교사가 되는 것을 원할 수 없는 한편, 진심으로 교사가 되기를 원한다면 그것은 보수적일 수밖에 없다는 것을 의미한다.

이러한 결론을 내리기 전에, 그리고 '탁자 위에' 오직 두 가지 선택지만 남겨진 많은 나라의 다양한 경우를 보기 전에, 제3의 선택지의 가능성을 생각해 보는 것은 중요하다. 즉 가르침이 학생의 자유에 관심이 있고, 그것을 지향하는 교육에서 중요할 뿐만 아니라, 아마도 본질적인 역할을 할 수 있는 가능성을 고려해 보는 것은 중요하다. 이러한 선택지를 위한 논변, 즉 '보수적인 아이디어를 위한 진보적인' 논변은 내가 이전에 발표한 글 중의 하나(Biesta 2012b)에서 주장된 바가 있는데, 그때 그것은 이 에필로그의 제목처럼 "가르침을 교육에 되돌려 놓으려는" 의도로 쓰여졌다. 흥미롭게도 그것은 교육을 교사에게 되돌려 놓으려는 포부로 여러 번 표현되기도 했다. 그러나 이것도 물론 중요하지만, 나의 관점에서 볼 때 이 문제는 내가 이 책을 통해 하려는 것과 완전히 다른 문제이자 완전히 다른 포부이다. 제3의 선택지를 찾아서 가르침을 인간 자유의 문제로 다시 연결시키는 것이야 말로 앞선 장들에서 내가 보여주려고 한 것이다.

이러한 노력을 구성하는 한 가지 중요한 요소는 자유의 질문에 대한 것이며, 이 질문은 본 논의에서 두드러진 역할을 한다. 그리고 이 책 전체에 걸쳐 상이한 모습을 한 채 반복적으로 등장한다. 이른바 신자유주의적인 자유의 관념인 순수한 선택으로서의 자유, 혹은 덜 철학적인 언어로 단지 자신의 욕구를 추구하는 자유로서 쇼핑의 자유에 대항하여, 나는 성숙함의 자유라는 관념을 제안하려고 하였다. 성숙함의 자유는 아렌트가 올바르게 비판했던 주권적 자유가 아니라, 우리 자신과의 관계에서만이 아닌 세계 안에서 그리고 그것과 더불어 존재하려고 애쓸 때 마주치는 행위로서의 자유(Arendt)로서, '어려운 자유'(Levinas 1990)이다. 여기에서는 우리가 욕구하고 바라는 것, 우리 '안에서' 발견되는 바람과 욕구가, 우리로 하여금 성숙함의 방식으로 세계 속에 세계와 더불어 존재하도록 하는 것을 돕는 욕구인가 아닌가라는 질문과 '마주친다'. 여기서 성숙함의 방식으로 세계에 존재하는 것이란 세계의 중심에 있지 않으면서도 세계 속에 있는 것이다(Meirieu). 그것은 어려운 '중간 지대'에서, 대상이 아닌 주체로서 존재한다는 것을 의미한다.

학습이라는 주제는 2장과 3장에서 두드러진 역할을 한다. 이 주제는 또한 자유의 문제와도 연결된다. 여기서 내가 하고자 한 것은 학습이 없어도 된다는 것이 아니라 학습은 오로지 한 가지 존재 가능성이라는 점, 우리가 존재할 수 있는 한 가지 방식이라는 점을 보이는 것이다. 그리고 우리 삶에서 고려해야 하고 교육적 맥락에서 만나고 마주해야만 할 다른 존재 가능성이 있을 수 있다. 나는 레비나스를 좇아 '의미화의 자유'로 주장되는 것에 의문을 제기했다. 의미화의 자유는 학습이 무엇에 대한 것인지를 이해하는 한 가지 방식으로서, 의미형성, 이해, 그리고 파악의 행위이다. 나는 레비나스를 좇아 그러한 의미화는 항상 그가 말하는 문답/응답 interlocution 에 부차적인 것이라고 주장한다. 언명되는 것, 말 걸어지는 지는 것은 의미 형성 이전에 우리에게 온다.

이러한 시각으로 볼 때, 가르침은 더이상 학생이 **자유로울 수** 있는 공간, 예를 들어 학습할 수 있는 자유, 의미를 형성할 수 있는 자유, 파악을 위한 자유의 공간을 창조하는 일에 대한 것이 아니다. 잠시 공간적 은유를 사용하자면, (이것에 대해서 Biesta 2006의 5장과 현재 출판중인 Biesta의 글 참조) 가르침은 오히려 학생이 **자신의 자유**를 만날 수 있는 공간, 다시 레비나스의 말을 인용하자면, "다른 누구도 나를 대신해서 할 수 없는" 그것을 만날 수 있는 공간을 창조하는 일에 대한 것이다. 그것은 성숙함의 자유를 목표로 할 때, 대상이 아닌 주체로서 학생의 존재를 목표로 하는 가르침이 왜 불화로서 '작동하는지'를 보여준다. 즉 학생들의 능력이나 역량을 단순히 축적적으로 구성하는 것이 아니라, 이들로 하여금 자신들의 자유로 향해 나아가도록, 즉 불가능한 가능성(Derrida), 하나의 가능성으로 예견할 수 없는 가능성, 그리고 주체로서 세계에 존재할 가능성을 향해 나아가도록 하는 것이다.

이렇게 말하는 것은 가르침의 회복 및 그것의 의미와 중요성의 회복에 충분한가? 이것은 가르침을 교육의 진보적 야망들에 다시 연결시키는 데에 충분한가? 이것은 가르침을 교육에 되돌리는 데 충분한가? 아마도 그렇지 않을 것이다. 그러나 나의 탐색은 오늘날 교육에서 가르침과 교사의 지위에 관한 사안이 무엇에 대한 것인가를 더 잘 이해하도록 도울 것이다. 나는 또한 이 탐색이 제3의 선택지, 즉 통제로서의 가르침 및 학습으로서의 자유를 넘어서는 제3의 선택지를 찾아 나서도록 다른 사람들에게 영감을 주기를 희망한다. 그리고 나는 이 탐색이 학습 결과의 효과적인 생산을 위해서가 아니라, 세계의 중심이 아닌 세계 속에서 성숙한 주체로 존재하기 위해 가르침이 중요하다고 믿는 이들에게 조금이나마 도움이 되기를 바란다.

역자 후기

2017년 영어로 출간된 비에스타의 『가르침의 재발견』은 오늘날 한국의 교육 현장이 당면한 문제들을 바라보고 진단하며 새로운 대안을 제시하는 포괄적인 관점을 담고 있는 것처럼 보인다. 이 책이 지금 이 시점에서 한국어로 번역되어 출간되는 것은 시의성의 관점에서 보자면 최적이 아닌가 싶다. 다소 충격적이게도 이 책은, 교육에서 이제는 '학습'이 아니라 '가르침'이라고 역설한다. 이것은 학생과 학부모의 목소리만 높고 교사의 목소리는 없으며, 교육에 대한 요구만 있고 교육을 위한 책임은 없어진 지 오래인 오늘날 한국의 교육 현장에 강력한 충격 요법을 가하는 것같이 보인다.

한국의 교육 문제를 논의하기 시작할 때 '입시 위주의 교육' 혹은 '시험 위주의 교육'은 학교교육의 원죄로서 약방의 감초처럼 등장하곤 했다. 교육이 시험을 잘 보기 위한 수단으로 도구화된다는 것이었다. 그러나 그런 상황이 지배적이었던 시기에도 시험 준비를 시키는 교사의 훈육과 수업, 그리고 그 역할에 대한 권위는 존중되었다. 비록 교육이 도구화되기는 했어도 도구적 공부를 하는 와중에 내면화되는 모종의 일관된 (합리적) 마음과 규범이 존재했었다. 그러나 지금은 그것마저도 위태롭게 하는 학습주의 교육, 보다 정확히 표현하자면, 수요자/소비자로서의 학습자를 중심에 두는 학습주의 교육이 학교 체제뿐만 아니라 일상의 교실 문화를 강타하고 있다. 전통적인 시험 위주의 교육이 좋은 시험 결과를 내기 위해 교사가 학생의 학습을 '통제'하는 것이었다면, 소비자로서의 학습자 중심의 학습주의 교육에서 학생은 자신의 학습을 스스로 통제하며 교사를 그 학습을 위한 수단적 자원 정도로만 바라보는 경향이 있다. '자기 주도적 학습'이라는 이름으로 학습의 통제권이 교사에서 학생 개인에게로 넘어가고 있는 것이다.

비에스타는『가르침의 재발견』에서 정확히 이 현상을 문제 삼는 데서 출발하여 그것이 함의하는 교육적 문제를 진단할 뿐만 아니라 이에 대응하는 새로운 '교육적' 비전을 제시한다. 그리고 그 비전은 교사의 '가르침'을 새롭게 해석하여 그것을 교육에 되돌리는 것에서 찾는다. 비에스타에 따르면, 오늘날 전 세계적으로 유행하고 있는 '학습주의 learnification'현상은 '교육의 언어'를 '학습의 언어'로 대체해 버렸다. 그러나 이러한 전 세계적인 경향은 신자유주의가 이끄는 무한 경쟁 체제가 초래하는 시장주의의 전면화와 밀접한 관련이 있다. 심지어 그간 진보주의 교육이 옹호해 온, 교육적으로 충분히 정당화될 만한 학습자 중심주의도 이 시장주의 언어에 의해 포섭되고 편입될 때, 교육과 교육적 경험은 그것이 아닌 것으로 왜곡될 수밖에 없는 방향으로 나아간다는 것이다.

이 책에서 제안되는 진단과 대응의 구도는 단순하고 강력해 보인다. 그러나 이것을 이끌어가는 비에스타의 논증은 교육철학을 전문적으로 공부하지 않는 일반 독자가 따라가기에 그렇게 쉽지만은 않다. 많은 당대 철학자들의 어려운 개념과 이론에 기대어 자신의 논의를 촘촘히 구축해 가는 방식을 취하고 있기 때문이다. 이것은 철학적 개념이나 이론이 불필요하게 삽입되어 있다는 뜻은 아니다. 오히려 그 반대이다. 시대 질서와 정신의 변화, 우리 감수성의 전환을 반영하는 그런 개념과 이론에 힘입었기에 그의 논의는 단순하고 빠른 해결책의 제시와는 다른 길을 취한다. 오히려 우리의 사유를 초청하고 안내하며 우리로 하여금 그의 논의에 지적으로 참여할 수밖에 없게 함으로써, 그러한 참여의 노고와 기쁨의 기회를 동시에 제공한다. 그리고 이것은 그가 주장하는 '가르침'의 정신을 그대로 **보여주고 수행하는** 방식이기도 하다.

독자의 이해를 돕고자 본 번역서의 본격적인 해제를 준비한 것은 사실이다. 그러나 해제를 위한 독해가 여러 번 반복될수록 이 책이 교육, 특히 한국교육에 대한 우리 사유에 미치는 함의가 심오하고 다층적이어서 섣부른 해제가 오히려 이 책 저자의 교육에 대한 깊은 사유를 오해하고 그 노고에 누가 될까 두려워 본격적인 해제는 다음 기회로 미루기로 한다. 이 책이 우리에게 주는 영감의 혜택을 충분히 누리고 그것에 대한 역자들의 책임 있는 생각을 나누기 위해서는 좀더 시간을 둔 독해와 사유가 필요해 보이기 때문이다. 이 책 전체의 문제의식을 보여줄 몇몇 핵심 번역어들에 대한 설명을 제공하는 것으로 역자 후기를 대신하고자 한다.

① 'teaching' 과 'learning': '가르침'과 '학습'

본 역서에서는 'teaching' 과 'learning'을 '교수'와 '학습'이 아니라 '가르침'과 '학습'이라고 번역하였다. 보통의 경우라면, 이를 '교수와 학습' 혹은 '가르침과 배움'으로 한자어나 순수 한글어로 짝을 지어 번역하는 것이 더 적절할 것이다. 그러나 이 책의 전체적인 논지에 비추어 보았을 때 그러한 통상적인 번역은 비에스타의 문제의식과 철학을 잘 담지 못하는 것 같다. 왜냐하면 그는 이제까지 우리가 가지고 있던 교육에 대한 가정들 중 'teaching'과 'learning'(이것을 '교수와 학습'으로 번역하든, '가르침과 배움'으로 번역하든)이 상호 내적으로 연결되어 있다는 가정을 문제 삼는 데서 자신의 논의를 시작하고 있기 때문이다. 그리고 'teaching'과 'learning'을 개념적으로나 경험적으로 분리시키는 것, 그리하여 'teaching'이 없는 'learning'도 가능하고 'learning'이 동반되지 않는 'teaching'도 가능할 뿐만 아니라, 실제 이 후자야 말로 『가르침의 재발견』이라는 이 책이 제안하고 지향하는 바임을 밝히고 있기 때문이다. 그리하여 'teaching'을 '가르침'으로 그리고 'learning'을 '학습'으로 번역하여 짝을 이루는 우리말 번역을 피함으로써, 독자들이 이 둘 간의 통상적 연관성에 의문을 품도록 했다. 다시 말하면, 'teaching'을 한자어인 '교수敎授'가 아닌 우리말 '가르침'으로 번역함으로써 우리의 전통적인 교사관에 함의되어 있는 탈기능주의적인 교육의 측면을 부각시키고자 한다. 반면, 'learning'의 경우 전통적인 우리말 '배움'이 아닌 한자어 '학습學習'으로 번역함으로써, 후자에 담긴 기능적이고 인지적인 습득에 초점을 두는 심리학적 학습 개념의 함의를 그대로 남겨두고자 한다.

다른 한편, 교육에서 그 연관이 당연시되는, 'teaching'과 'learning'이 분리되어야 한다는 것은 무슨 뜻인가? 이것은 '가르침'과 '학습' 사이의 **개념적** 관련성, 즉 개념적 필연성에 기반한 이 둘 간의 경험적 관련성에 의문을 제기하는 것으로서, 가르침을 학습의 **원인**으로 간주하는 교육관에 대한 전면적인 비판을 함의한다. 가르침의 목표가 반드시 학습을 초래하는 데 있다고 생각할 필요가 없다는 것이다. 가르침이 없는 학습도 가능하고, 학습이 없는 가르침도 가능하다는 것인데, 이것은 우리로 하여금 학습과 가르침 간의 개념적 관련성에 대해 완전히 새롭게 사유하고 상상할 것을 요청한다. 이 책에서 비에스타의 관심은 '가르침이 없는 학습'이 아니라 '학습이 없는 가르침'에 초점이 맞추어져 있지만 말이다. 다시 말하면, 심리학적 의미의 '학습', 습득으로서의 '학습'에서 벗어나는 '가르침'이 어떻게 가능할 것인가에 대한 것이다.

학습이 없는 가르침. 이 말은 교육에 관심이 있는 우리 모두에게 아주 도발적으로 들린다. 교사의 가르침이 학생의 학습을 목적으로 하지 않는다면 도대체 무엇을 목적으로 해야 한다는 말인가? 혹자는 우리의 가르침은 '학생화studenting'와 '제자화pupilling'를 추구해야 한다고 말할지도 모른다. 즉, 가르침은 학습자를 (공부하는) '학생student'으로 만들거나 가르치는 자의 '제자pupil'로 만들기 위해서 수행될 수 있다는 것이다. 물론 이러한 표현이나 용어들은 교육을 근대 이전의 교육, 전근대적 교육으로 되돌리는 듯한 인상을 준다. 비에스타는 비록 이러한 표현과 용어들에 호의를 갖고 있는 것처럼 보이지만, 이것이 그가 지향하는 바는 아니다. 다만 이러한 표현과 용어들은 가르침에 대한 우리의 일상적이고 근대적인 고정 관념을 뒤흔드는 데에 도움을 준다. 즉, 우리가 통상 말하는 '학습'은 기껏해야 이러한 **학생화**라는 활동의 '효과'이지, 가르침이라는 활동 자체의 효과는 아니라고 볼 수 있다는 것이다. 이렇듯 '학생화'의 개념은 가르침과 학습 간에 약간의 틈을 벌여 놓아, 우리가 교사에게 책임이나 책무를 물을 수 있는 것과 그렇지 않은 것을 더 정확하게 구분할 필요가 있다는 것을 깨닫게 한다.

이러한 '교육학적 용어'들은 모두 우리로 하여금 가르침과 학습 간에 모종의 거리두기를 요청하고 또 그것을 가능하게 한다. 비에스타에 따르면(본 저서 2장), 이러한 거리두기의 연습은 학습의 언어가 교육적 언어로 **충분하지 않다**는 것을 보여준다. 왜냐하면 교육적으로 중요한 것은 학생들이 **단순히** 배우는 것에 있지 않고, 언제나 **무엇인가**를 배우고, 특정 **이유로** 배우며, 그리고 **누군가로부터** 배운다는 데에 있기 때문이라는 것이다. "학습의 언어가 지니는 문제는 그것이 내용과 목적과 관련하여 '열린' 혹은 '텅빈' 과정을 가리킨다는 것이다"(본 저서 78쪽). 교육의 언어는 언제나 **교육 내용**, **교육 목적**, 그리고 **교육적 관계**의 질문에 주의를 기울이는 언어여야만 한다. 그러나 비에스타가 보기에, 심리학이나 사회학에 의해 주도되는 오늘날 교육의 언어는 이러한 문제들에 관심을 기울이지 않는다. 학업 성적이나 불평등 관련 연구에서 보듯이 양적으로 측량 가능한 성과와 그 성과를 가져오는 과정의 변화에만 관심을 갖는 경향이 있다. 이것이 어느 방향으로 나아가며 왜 그 방향으로 나아가야 하는지, 이를 위해 요청되는 교육적 목적이나 교육적 관계란 어떠해야 하는지 등, 가치와 지향성에 대한 관심은 교육의 언어로 취급되고 있지 않는 것이다.

② 'subject-ness': '주체성subjectivity'이 아니라 '주체됨subject-ness'

그러면 교육의 언어가 관심을 가져야 할 교육의 내용과 목적, 그리고 교육적 관계는 무엇을 지향하고 또 어떻게 그것에 관심을 가져야 하는가? 비에스타는 '교육의 목적'과 관련한 담론을 위한 한 가지 제안을 시도한다. 사실 교육의 목적에 대한 교육철학 담론은 다원주의적 가치를 지향하는 포스트모더니즘 담론 이후 크게 위축되어 왔다. 그러나 비에스타는 포스트-포스트모더니즘 맥락에서 교육의 목적에 대한 담론이 어떻게 다시 회복될 수 있을지를 고민한다. 그리고 학교교육의 목적을 그것이 수행하는 기능적 관점에서 '자격화', '사회화', '주체화'로 특징짓는다. 사회에 나아가 경제적 기능을 수행하는 데 필요한 지식과 기술을 아이들에게 갖추도록 하는 것을 '자격화qualification'라고 한다면, 미래 사회 구성원으로서 아이들이 익혀야 할 사회적 규범과 가치를 내면화시키는 것을 '사회화socialization'로 부른다. 그리고 자격화와 사회화가 우리 사회가 요청하는 경제적, 사회적 기능의 측면에서 학교가 불가피하게 떠안아야 하는 교육의 목적이라면, '주체화(subjectfication, subject-ness)'는 교육의 본래적 기능을 지시하는 교육 목적들 중 하나이다. 비에스타에 따르면, 학교교육의 이 세 가지 기능은 교육적 실천에서 **모두 동시에** 고려되어야 한다. 구체적 교육 장면에서 이 세 가지 목적은 상호 긴장 관계에 놓일 수도 상호 충돌할 수도 있다. 그리하여 교사는 특정 실천 맥락에서 어느 목적이 더 우선시 되어야 하는지를 판단해야 할 중요한 역할을 떠안는다.

그리하여 비에스타에게 교사의 '가르침'이 지향해야 할 일차적 목적은 바로 '주체화subjectification' 혹은 '주체됨subject-ness'이다. 이 목적이 비에스타에게 중요한 이유는, 그에게 학생은 더 이상 교육의 '대상'이 아니라 '주체'이기 때문이다. 이것은 비에스타의 교육론이 정치적으로 진보적인 입장을 취하는 교육론, 특히 해방교육론의 하나임을 우리에게 다시 확인시켜 준다. 그러면 비에스타가 의미하는 '주체됨'은 정확하게 무엇인가?

비에스타는 '교육의 과업'을 기술하는 이 책의 1장에서 학생들의 '주체됨'의 의미를 가르침의 목적과의 관련 속에서 상세하게 다루고 있다. 그는 '인간이 **주체로서 존재한다**는 것이 정확히 무엇을 의미하는지'를 물으며 그것의 의미를 3인칭적인 정의definition로서 객관적으로 제시하는 것이 아니라 레비나스의 존재론에 기대어 1인칭적 관점에서 묘사하려고 한다. 이것이 정확히 무엇을 의미하는지는 이 책의 후반부에 등장하는 랑시에르의 해방교육론에 이르러서야 보다 명확해진다. 간략하게 그의 묘사를 정리하자면, 주체됨이란 아이들이 기존 질서에 단순히 **적응하는** 방식으로 존재하고 말하고 생각하고 행하는 것이 아니라, '세계 속에 세계와 더불어 **성숙하게** 존재하고자 하는 열망을 추구하는 방식으로, 존재하고 말하고 생각하고 행하는 것'이다(본 저서 1장). 이것은 타인과 타자들과 **함께** (복수적으로) **존재**하는 것 속에서, 자신의 유일무이한 인간적 존재 방식을 추구하는 것으로 풀어 설명될 수 있다.

'주체됨'의 개념은 이 책의 후반부에서 '해방'의 개념과 더불어 더 자세히 논의되지만, 최근 개정된 국가교육과정 공식 문서에서 자주 언급되는 학생의 '행위자성^{agency}'과 어떻게 구별되는지 혹은 이것을 새롭게 해석하는 한 가지 방식으로 이해될수 있는지 생각해 볼 필요가 있다. 왜냐하면 비에스타가 '주체됨'의 개념을 **실존적인 관점**, 혹은 **1인칭적 관점**에서 묘사하고자 할 때 이것은 모더니즘뿐만 아니라 포스트모더니즘 자아관과 사회관에 대한 근원적인 비판을 깔고 있는 것 같이 보이기 때문이다.

그리하여 비에스타의 주체됨의 개념은 다음 두 가지를 핵심적 특징으로 한다. 첫째, '주체됨'은 어떤 것에 자신만의 의미를 부여하는 '의미화signification'라는 **인식이나 해석**의 행위를 통해 구성되지 않는다. 오히려 그것은 **실존적인 존재함의 한 가지 양식**이다. 즉, 주체됨은 어떤 상태의 성취나 그것의 지속을 의미하지 않는다. 오히려 존재 방식에서의 전환이라는 순간적인 실존적 **사건**에 더 가까운 것이다. 기존의 적응 상태를 벗어나게 **'되는' 사건의 경험**, 혹은 기존의 경험적 자아의 **내재성에 균열이 오는** 해체적인 **수동적** 경험의 사건이다. 둘째, 여기서 '수동적 사건'이라는 말이 함의하듯이, 이러한 주체됨의 순간은 비에스타가 '초월transcendence'이라는 개념으로 자주 논의하는 것으로서 '바깥'으로부터 오는 것이다. 주체됨은 인간 내부로부터 파생되는 내재적 사건이 아니라, 바깥에서부터 오는 어떤 언명에 의해 기존의 인식적, 언어적 존재 방식의 틀을 비껴나게 되는 사건이다. 즉, 타자에 의해 '언명되는' 경험의 '사건'에 연루되는 것이다.

비에스타의 'subject-ness'를 '주체**성**'이나 '주체**화**'보다는 '주체**됨**'으로 번역한 이유는 그가 이 개념으로 의미하고자 하는 바의 주요 함의, 즉 주체로서의 우리 존재는 정확히 우리 수중에 있지 않다는 것, 그리하여 우리 안에서부터 생성되지 않는다는 의미를 담기 위해서이다. 주체됨은 바깥에서부터 오는 언명에 대한 응답, 타자와 타자성에 의해 말 걸어지고 언명되는 경험에 대한 응답으로 출현한다는 것이다. 요약하자면, 비에스타에게 '주체됨'의 자유는 근대적 관점에서의 자율적인 '선택'의 능력이나 실행력을 의미하거나, 포스트모더니즘의 관점에서의 자유로운 '구성적 인식이나 해석'의 행위를 말하는 것이 아니다. 여기서 자유는 오히려 존재 방식이나 태도, 지향의 문제와 관련이 있다. 그리고 존재 방식이나 태도, 지향은 선택이나 의지의 문제로 환원될 수 없는 것이다. 실존적 존재 방식으로서 주체됨의 자유 혹은 자율성은 자신의 타율성을 자신의 자유의 조건으로 받아들일 때 출현하게 되는 어떤 것이다. 그것은 이해 가능한 언어에 의한 나의 인식이나 해석의 방식을 넘어서는 것, 그리고 나를 초월한 바깥으로부터의 말 걸어옴 혹은 **타자의 언명에 스스로를 종속시키거나 복종할 때** 비로소 출현하게 되는 존재의 열림과 관련이 있다.

그리하여 비에스타는 레비나스의 말을 빌려 '주체됨'의 자유가 전제하는 자율성과 타율성의 관계를 다음과 같이 묘사한다. "나의 유일성은 타자에 대한 나의 책임에 있다. 아무도 나의 죽음의 순간에 나를 대신할 수 없는 것처럼, 아무도 이것에서 나를 빼낼 수 없다"(Levinas 1989, p. 202; Biesta 2017, p. 11. 재인용). 자신이 하고 싶은 대로 할 수 있는 자유주의적 자유가 아니라, "아무도 나의 자리를 대신 할 수 없는 것을 [하는 것]"으로서의 자유로서, "'자유로움'은 곧 '절대자에 복종한다'는 것을 의미한다"(위 출처와 동일). 이 절대자에의 혹은 절대적 타자에의 복종을 통하여 '내재성의 균열 그 자체'로서 주체됨이라는 사건이 일어난다는 것이다(위 출처와 동일). 이 균열은 곧 우리 존재의 열림을 말하는 것이고, 비에스타에게 '가르침'의 상이한 의미가 그 자체로 드러나는 것은 바로 이러한 균열에서 출현하는 학생의 '주체됨'의 사건이다. 이 책을 통해 비에스타가 재발견하고자 하는 가르침의 의미도 바로 여기에 있다. 그렇다면 교사의 가르침은 어떻게 학생 내면에 이러한 균열이 일어나도록 할 수 있는가. 이 질문이야말로 이 책의 독해에서 독자들이 철학적 언어의 숲에서 길을 잃지 않기 위해 끝까지 붙잡고 가야 할 질문인지도 모른다.

참고 문헌

Andreotti, V. (2011). *Actionable postcolonial theory in education*. New York: Palgrave Macmillan.

Arendt, H. (1958). *The human condition*. Chicago, IL: The University of Chicago Press.

Arendt, H. (1977[1961]). *Between past and future: Eight exercises in political thought*. Enlarged edition. Harmondsworth/New York: Penguin Books.

Bauman, Z. (1993). *Postmodern ethics*. Oxford: Wiley-Blackwell.

Biesta, G.J.J. (1999). Radical intersubjectivity. Reflections on the "different" foundation of education. *Studies in Philosophy and Education* 18(4), 203–220.

Biesta, G.J.J. (2004). "Mind the gap!" Communication and the educational relation. In C. Bingham & A.M. Sidorkin (eds), *No education without relation* (pp. 11–22). New York: Peter Lang.

Biesta, G.J.J. (2006). *Beyond learning: Democratic education for a human future*. Boulder, CO: Paradigm Publishers.

Biesta, G.J.J. (2007). Why 'what works' won't work. Evidence-based practice and the democratic deficit of educational research. *Educational Theory* 57(1), 1–22.

Biesta, G.J.J. (2008). Pedagogy with empty hands: Levinas, education and the question of being human. In D. Egéa-Kuehne (ed), *Levinas and education: At the intersection of faith and reason* (pp. 198–210). London/New York: Routledge.

Biesta, G.J.J. (2009a). Good education in an age of measurement: On the need to reconnect with the question of purpose in education. *Educational Assessment, Evaluation and Accountability* 21(1), 33–46.

Biesta, G.J.J. (2009b). Pragmatism's contribution to understanding learning-in-context. In R. Edwards, G.J.J. Biesta & M. Thorpe (eds), *Rethinking contexts for teaching and learning. Communities, activities and networks* (pp. 61–73). London/New York: Routledge.

Biesta, G.J.J. (2009c). What is at stake in a pedagogy of interruption? In T.E. Lewis, J.G.A. Grinberg & M. Laverty (eds), *Philosophy of education: Modern and contemporary ideas at play*(pp. 785–807). Dubuque, IA: Kendall/Hunt.

Biesta, G.J.J. (2010a). *Good education in an age of measurement: Ethics, politics, democracy*. Boulder, CO: Paradigm Publishers.

Biesta, G.J.J. (2010b). A new 'logic' of emancipation: The methodology of Jacques

Rancière. *Educational Theory* 60(1), 39–59.

Biesta, G.J.J. (2010c). Learner, student, speaker. Why it matters how we call those we teach. *Educational Philosophy and Theory* 42(4), 540–552.

Biesta, G.J.J. (2010d). How to exist politically and learn from it: Hannah Arendt and the problem of democratic education. *Teachers College Record* 112(2), 558–577.

Biesta, G.J.J. (2011a). The ignorant citizen: Mouffe, Rancière, and the subject of democratic education. *Studies in Philosophy and Education* 30(2), 141–153.

Biesta, G.J.J. (2011b). Disciplines and theory in the academic study of education: A comparative analysis of the Anglo-American and Continental construction of the field. *Pedagogy, Culture and Society* 19(2), 175–192.

Biesta, G.J.J. (2012a). No education without hesitation. Thinking differently about educational relations. In C. Ruitenberg (ed), *Philosophy of education 2012* (pp. 1–13). Urbana-Champaign, IL: PES.

Biesta, G.J.J. (2012b). Giving teaching back to education. Responding to the disappearance of the teacher. *Phenomenology and Practice* 6(2), 35–49.

Biesta, G.J.J. (2013a). Receiving the gift of teaching: From 'learning from' to 'being taught by'. *Studies in Philosophy and Education* 32(5), 449–461.

Biesta, G.J.J. (2013b). Interrupting the politics of learning. *Power and Education* 5(1), 4–15.

Biesta, G.J.J. (2014). *The beautiful risk of education*. Boulder, CO: Paradigm Publishers.

Biesta, G.J.J. (2015). Resisting the seduction of the global education measurement industry: Notes on the social psychology of PISA. *Ethics and Education* 10(3), 348–360.

Biesta, G.J.J. (2016). Democracy and education revisited: Dewey's democratic deficit. In S. Higgins & F. Coffield (eds), *John Dewey's education and democracy: A British tribute* (pp. 149–169). London: IoE Press.

Biesta, G.J.J. (2017). *Letting art teach. Art education 'after' Joseph Beuys*. Arnhem: ArtEZ Press.

Biesta, G.J.J. (in press). Creating spaces for learning or making room for education? The architecture of education revisited. In H.M. Tse, H. Daniels, A. Stables & A. Cox (eds), Design for practice: *Designing for the future of schooling*. London/New York:

Routledge.

Biesta, G.J.J. & Bingham, C. (2012). Response to Caroline Pelletier's review of Jacques Rancière: Education, truth, emancipation. *Studies in Philosophy and Education* 31(6), 621–623.

Biesta, G.J.J. & Burbules, N. (2003). *Pragmatism and educational research.* Lanham, MD: Rowman and Littlefield.

Biesta, G.J.J. & Säfström, C.A. (2011). A manifesto for education. *Policy Futures in Education* 9(5), 540–547.

Biklen, D. & Cardinal, D.N. (1997). Reframing the issue: Presuming competence. In D. Biklen & D.N. Cardinal (eds), *Contested words, contested science: Unraveling the facilitated communication controversy* (pp. 187–198). New York: Teachers College Press.

Bingham, C. (2008). *Authority is relational. Rethinking educational empowerment.* Albany, NY: SUNY Press.

Bingham, C. & Biesta, G.J.J. (2010). *Jacques Rancière: Education, truth, emancipation.* London/New York: Continuum.

Carusi, F.T. (in press). Why bother teaching? Despairing the ethical through teaching that does not follow. *Studies in Philosophy and Education.*

Chambers, S.A. (2013). Jacques Rancière's lesson on the lesson. *Educational Philosophy and Theory* 45(6), 637–646.

Citton, Y. (2010). The ignorant schoolmaster: Knowledge and authority. In J.-P. Deranty (ed), *Jacques Rancière: Key concepts* (pp. 25–37). Durham: Acumen. References 101

Cohen, R.A. (2006). Introduction. In E. Levinas, *Humanism of the other* (pp. vii–xliv). Urbana/Chicago: University of Illinois Press.

Counts, G. (1971). A humble autobiography. In R.J. Havighurst (ed), *Leaders of American education: The seventieth yearbook of the National Society for the Study of Education* (pp. 151–171). Chicago, IL: University of Chicago Press.

Critchley, S. (1999). *Ethics, politics, subjectivity.* London/New York: Verso.

Critchley, S. (2014). Levinas and Hitlerism. *Graduate Faculty Philosophy Journal* 35(1–2), 223–249.

Department for Education (2010). *The importance of teaching. The schools white paper 2010.* London: Her Majesty's Stationery Office.

Derrida, J. (1992a). *Given time: I. Counterfeit money*. Trans. P. Kamuf. Chicago/London: University of Chicago Press.

Derrida, J. (1992b). Force of law. The 'mystical foundation of authority'. In D. Cornell, M. Rosenfeld & D.G. Carlson (eds), *Deconstruction and the possibility of justice* (pp. 3-67). New York/London: Routledge.

Derrida, J. (1995). *The gift of death*. Trans. D. Wills. Chicago/London: University of Chicago Press.

Dewey, J. (1925). Experience and nature. In J.A. Boydston (ed), *John Dewey. The later works(1925-1953), Volume 1*. Carbondale/Edwardsville: Southern Illinois University Press.

Dewey, J. (1933). *How we think. A restatement of the relation of reflective thinking to the educative process*. Boston, MA: D.C. Heath and Company.

Dewey, J. (1966[1916]). *Democracy and education*. New York: The Free Press.

Donaldson, G. (2010). *Teaching Scotland's future: Report of a review of teacher education in Scotland*. Edinburgh: Scottish Government.

Drerup, J. (2015). Autonomy, perfectionism and the justification of education. *Studies in Philosophy and Education* 34(1), 63-87.

Eagleton, T. (2007). *Ideology: An introduction*. New and updated edition. London/New York: Verso.

Ellsworth, E. (1989). Why doesn't this feel empowering? Working through the repressive myths of critical pedagogy. *Harvard Educational Review* 59(3), 297-325.

Engels-Schwarzpaul, A.-C. (2015). The ignorant supervisor: About common worlds, epistemological modesty and distributed knowledge. *Educational Philosophy and Theory* 47(12), 1250-1264.

Fabian, J. (1983). *Time and the other. How anthropology makes its object*. New York: Columbia University Press.

Faure, E., Herrera, F., Kaddoura, A.-R., Lopes, H., Petrovsky, A.V., Rahnema, M. & Champion Ward, F. (eds) (1972). *Learning to be. The world of education today and tomorrow*. Paris: UNESCO.

Fenstermacher, G.D. (1986). Philosophy of research on teaching: Three aspects. In M.C. Wittrock (ed), *Handbook of research on teaching*. 3rd edition (pp. 37-49). New York:

Macmillan; London: Collier Macmillan.

Field, J. (2000). *Lifelong learning and the new educational order.* Stoke-on-Trent: Trentham.

Freire, P. (1993). *Pedagogy of the oppressed.* New, revised 20th anniversary edition. New York: Continuum.

Galloway, S. (2012). Reconsidering emancipatory education: Staging a conversation between Paulo Freire and Jacques Rancière. *Educational Theory* 62(2), 163–184.

Gordon, P.E. (2012). *Continental divide. Heidegger, Cassirer, Davos.* Cambridge, MA: Harvard University Press.

Hallward, P. (2005). Jacques Rancière and the subversion of mastery. *Paragraph* 28(1), 26–45. 102 References

Halpin, D. (2003). *Hope and education: The role of the utopian imagination.* London: Routledge-Falmer.

Heydorn, H.J. (1972). *Zu einer Neufassung des Bildungsbegriffs* [Towards a new articulation of the concept of 'Bildung']. Frankfurt am Main: Suhrkamp.

Hodkinson, P., Biesta, G.J.J. & James, D. (2008). Understanding learning culturally: Overcoming the dualism between social and individual views of learning. *Vocations and Learning* 1(1), 27–47.

Hudak, G. (2011). Alone in the presence of others: Autistic sexuality and intimacy reconsidered. In D. Carlson & D. Roseboro (eds), *The sexuality curriculum and youth culture*(pp. 57–70). New York: Peter Lang.

Ileris, K. (2008). *Contemporary theories of learning.* London: Routledge.

Jaeger, W. (1945). Paideia: *The ideals of Greek culture.* New York: Oxford University Press.

Kant, I. (1982). Über Pädagogik [On education]. In I. Kant, *Schriften zur Anthropologie, Geschichtsphilosophie, Politik und Pädagogik* [Writings on anthropology, the philosophy of history, politics and education] (pp. 691–761). Frankfurt am Main: Insel Verlag.

Kant, I. (1992[1784]). An answer to the question 'What is Enlightenment?' In P. Waugh(ed), *Post-modernism: A reader* (p. 90). London: Edward Arnold.

Klafki, W. (1986). Die Bedeutung der klassischen Bildungstheorien fur eine zeitgemasses Konzept von allgemeiner Bildung [The significance of classical theories of 'Bildung' for a contemporary conception of general 'Bildung']. *Zeitschrift fur Padagogik* 32(4),

455–476.

Klafki, W. & Brockmann, J.-L. (2003). *Geisteswissenschaftliche Pädagogik und Nationalsozialismus. Herman Nohl und seine 'Göttinger Schule', 1932–1937* [Hermeneutic educational theory and national socialism: Herman Nohl and his 'Göttinger Schule']. Weinheim: Beltz.

Kneyber, R. & Evers, J. (eds) (2015). *Flip the system: Changing education from the bottom up*. London: Routledge.

Komisar, P. (1968). Teaching: Act and enterprise. *Studies in Philosophy and Education* 6(2), 168–193.

Lankshear, C. & McLaren, P. (1994). *The politics of liberation: Paths from Freire*. New York: Routledge.

Levinas, E. (1969[1961]). *Totality and infinity: An essay on exteriority.* Pittsburgh, PA/The Hague: Duquesne University Press/Martinus Nijhoff.

Levinas, E. (1985). *Ethics and infinity. Conversations with Philippe Nemo.* Pittsburgh, PA: Duquesne University Press.

Levinas, E. (1989). Revelation in the Jewish tradition. In S. Hand (ed), *The Levinas reader*(pp. 190–211). Oxford: Blackwell.

Levinas, E. (1990[1934]). Reflections on the philosophy of Hitlerism. Translated by S. Hand. *Critical Inquiry* 17(1), 62–71.

Levinas, E. (1990). *Difficult freedom. Essays on Judaism.* Translated by S. Hand. Baltimore, MD: The Johns Hopkins University Press.

Levinas, E. (1994). *Outside the subject.* Stanford, CA: Stanford University Press.

Levinas, E. (2006). *Humanism of the other.* Translated by Nidra Poller, introduction by Richard A. Cohen. Urbana/Chicago: University of Illinois Press.

Levinas, E. (2008). Meaning and sense. In A.T. Peperzak, S. Critchley & R. Bernasconi(eds), *Emmanuel Levinas: Basic philosophical writings* (pp. 33–64). Bloomington, IN: Indiana University Press.

Lewis, T. (2012). *The aesthetics of education. Theatre, curiosity and politics in the work of Jacques Rancière and Paulo Freire.* London/New York: Bloomsbury. References 103

Lingis, A. (1994). *The community of those who have nothing in common.* Bloomington, IN: Indiana University Press.

Løvlie, L. (2002). Rousseau's insight. *Studies in Philosophy and Education* 21(4–5), 335–341.

Luhmann, N. (1984). *Soziale Systeme: Grundriß einer allgemeinen Theorie* [Social systems: Outline of a general theory]. Frankfurt am Main: Suhrkamp.

Luhmann, N. (1995). *Social systems.* Stanford, CA: Stanford University Press.

MacMillan, C.J.B. & Nelson, T. (eds) (1968). *Concepts of teaching.* Chicago, IL: Rand McNally.

Masschelein, J. (1997). In defence of education as problematisation: Some preliminary notes on a strategy of disarmament. In D. Wildemeersch, M. Finger & T. Jansen (eds), *Adult education and social responsibility: Reconciling the irreconcilable?* (pp. 133–149). Frankfurt/ Bern: Peter Lang.

Maturana, H.R. & Varela, F.J. (1980). *Autopoiesis and cognition: The realization of the living.* Dordrecht: D. Reidel Publishing Company.

McKinsey & Co. (2007). *McKinsey Report: How the world's best-performing school systems come out on top.* http://mckinseyonsociety.com/downloads/reports/Education/Worlds_School_Systems_Final.pdf (accessed 07/01/15).

McLaren, P. (1997). *Revolutionary multiculturalism: Pedagogies of dissent for the new millennium.* Boulder, CO: Westview Press.

Meirieu, P. (2007). *Pédagogie: Le devoir de resister* [Education: The duty to resist]. Issy-les-Moulineaux: ESF éditeur.

Mollenhauer, K. (1976[1968]). *Erziehung und Emanzipation.* 6th edition [Education and emancipation]. München: Juventa.

Mollenhauer, K. (1986). Zur Entstehung der modernen Konzepts von Bildungszeit [On the emergence of the modern conception of educational time]. In K. Mollenhauer, *Umwege: Über Bildung, Kunst und Interaktion* [Diversions: On education, art and interaction](pp. 68–92). Weinheim: Juventa.

Noddings, N. (2012). *Philosophy of education.* 3rd edition. Boulder, CO: Westview Press.

OECD (2005). *Teachers matter: Attracting, developing and retaining effective teachers.* Paris: OECD.

Pelletier, C. (2012). Review of Charles Bingham and Gert Biesta, Jacques Rancière: Education, truth, emancipation, Continuum 2010. *Studies in Philosophy and Eduation*

31(6), 613–619.

Peters, R.S. (1967). What is an educational process? In R.S. Peters (ed), *The concept of education* (pp. 1–23). London: Routledge/Kegan Paul.

Priestley, M., Biesta, G.J.J. & Robinson, S. (2015). *Teacher agency: An ecological approach.* London: Bloomsbury.

Rancière, J. (1991). *The ignorant schoolmaster. Five lessons in intellectual emancipation.* Translated and with an introduction by Kristin Ross. Stanford, CA: Stanford University Press.

Rancière, J. (2003). *The philosopher and his poor.* Durham, NC/London: Duke University Press.

Rancière, J. (2009). *The emancipated spectator.* London: Verso.

Rancière, J. (2010). On ignorant schoolmasters. In C. Bingham & G.J.J. Biesta, *Jacques Rancière: Education, truth, emancipation* (pp. 1–24). London/New York: Continuum.

Rancière, J. (2011). Ebbing the tide. An interview with Jacques Rancière. In P. Bowman & R. Stamp (eds), *Reading Rancière: Critical dissensus* (pp. 238-251). London: Continuum.

Richardson, V. (2003). Constructivist pedagogy. *Teachers College Record* 105(9), 1623–1640.

Roberts, P. (2014). *The impulse society. What is wrong with getting what we want?* London: Bloomsbury. 104 References

Rogers, G. (1969). *Freedom to learn. A view of what education might become.* Columbus, OH: Charles E. Merrill.

Roth, W.-M. (2011). *Passability. At the limits of the constructivist metaphor.* Dordrecht/Boston, MA: Springer Science & Business Media.

Ryle, G. (1952). *The concept of mind.* London: Hutchinsons.

Sartre, J.P. (2007[1946]). *Existentialism is a humanism* (translated by C. Macomber, introduction by A. Cohen-Solal, notes and preface by A. Elkaïm-Sartre). New Haven, CT: Yale University Press.

Schaffar, B. (2009). *Allgemeine Pädagogik im Zweispalt: Zwischen epistemologische Neutralität und moralischer Einsicht* [General educational theory at the crossroads: Between epistemological neutrality and moral insight]. Würzburg: Ergon Verlag.

Smeyers, P. & Depaepe, M. (eds) (2006). *Educational research: Why 'what works' doesn't work*. Dordrecht: Springer.

Sonderegger, R. (2014). Do we need others to emancipate ourselves? Remarks on Jacques Rancière. *Krisis. Journal for Contemporary Philosophy* 34(1), 53–67.

Spivak, G. (1988). Can the subaltern speak? In C. Nelson & L. Grossberg (eds), *Marxism and the interpretation of culture* (pp. 271–313). Urbana: University of Illinois Press.

Spivak, G.C. (2004). Righting the wrongs. *South Atlantic Quarterly* 103(2/3), 523–581.

Stamp, R. (2013). Of slumdogs and schoolmasters: Jacotot, Rancière and Mitra on self-organized learning. *Educational Philosophy and Theory* 45(6), 647–662.

Stanley, W.B. (1992). *Curriculum for utopia: Social reconstructionism and critical pedagogy in the postmodern era*. Albany, NY: SUNY Press.

Thompson, A. (1997). What to do while waiting for the revolution. Political pragmatism and performance pedagogy. In S. Laird (ed), *Philosophy of education 1997* (pp. 189–197). Urbana-Champaign, IL: Philosophy of Education Society.

Torgersen, G.-E. (ed) (2015). *Pedagogikk for det uforutsette* [Education for the unforeseen]. Bergen: Fagbokforlaget.

Varela, F.J., Maturana, H.R. & Uribe, R. (1974). Autopoiesis: The organization of living systems, its characterization and a model. *Biosystems* 5(4), 187–196.

von Braunmühl, E. (1975). *Antipädagogik. Studien zur Abschaffung der Erziehung* [Anti-education: Essays on the abolition of education]. Weinheim: Beltz.

Yang, J. & Valdés-Cotera, R. (eds) (2011). *Conceptual evolution and policy developments in lifelong learning*. Hamburg: UNESCO Institute for Lifelong Learning.

Zhao, G. (2014). Freedom reconsidered: Heteronomy, open subjectivity, and the 'gift of teaching'. *Studies in Philosophy and Education* 33(5), 513–525.

Zhao, G. (2015). From the philosophy of consciousness to the philosophy of difference: The subject of education after humanism. *Educational Philosophy and Theory* 47(9), 958–969.

색인

가르침의 재발견

초판 1쇄 발행 2024년 1월 19일

지은이 거트 비에스타 옮긴이 곽덕주·박은주
펴낸이 김명희 편집 이은희 책임편집 이명희 디자인 신병근·선주리

펴낸곳 다봄 등록 2011년 6월 15일 제2021-000136호
주소 서울시 마포구 토정로 222 한국출판콘텐츠센터 305호
전화 02-446-0120 팩스 0303-0948-0120
전자우편 dabombook@hanmail.net 인스타그램 instagram.com/dabom_books

ISBN 979-11-92148-90-8 93370